新月地带的文明之光

朱慧中　著

中国财富出版社有限公司

图书在版编目（CIP）数据

新月地带的文明之光 / 朱慧中著. —北京：中国财富出版社有限公司，2023.12

ISBN 978-7-5047-8069-0

Ⅰ.①新…　Ⅱ.①朱…　Ⅲ.①名胜古迹—介绍—叙利亚　Ⅳ.①K937.67

中国国家版本馆CIP数据核字（2024）第004971号

策划编辑	朱亚宁	责任编辑	王　君	版权编辑	李　洋
责任印制	梁　凡	责任校对	庞冰心	责任发行	杨恩磊

出版发行	中国财富出版社有限公司				
社　　址	北京市丰台区南四环西路188号5区20楼		邮政编码	100070	
电　　话	010-52227588转2098（发行部）		010-52227588转321（总编室）		
	010-52227566（24小时读者服务）		010-52227588转305（质检部）		
网　　址	http://www.cfpress.com.cn	排　　版	贝壳学术		
经　　销	新华书店	印　　刷	北京利丰雅高长城印刷有限公司		
书　　号	ISBN 978-7-5047-8069-0 / K·0240				
开　　本	710mm×1000mm　1/16	版　　次	2024年3月第1版		
印　　张	25.25	印　　次	2024年3月第1次印刷		
字　　数	388千字	定　　价	98.00元		

谨以本书献给我深爱的文明古国——叙利亚

序

朱慧中所著《新月地带的文明之光》即将付梓，我非常荣幸受邀作序。

我与作者结缘于北大，结缘于阿拉伯语学习，结缘于中东研究。1999年，他进入北京大学外国语学院阿拉伯语言文化系学习，我担任任课教师和班主任，负责讲授基础阿拉伯语和阿拉伯–伊斯兰教文化等课程。朱慧中学习勤奋认真，给我留下了深刻印象。2003年，他本科毕业，继续攻读硕士研究生，是我指导的第一位研究生。毕业后他一直从事与阿拉伯国家相关的工作，曾在苏丹和伊拉克工作常驻。我们都有赴叙利亚进修访学的经历。他是2004年至2005年在叙利亚大马士革大学学习，我是2001年在大马士革大学进修。叙利亚内战爆发后，我们都很关注叙利亚局势的发展，见面时经常谈论。在谈话中他萌生了围绕叙利亚写点东西的想法，最终确定基于当年留学时游历踏勘叙利亚的经历和拍摄的大量照片，围绕叙利亚的文物古迹来呈现叙利亚的悠久历史文化。他利用工作之余，数年间笔耕不辍。辛勤耕耘的结果，就是现在呈现在读者面前的这部《新月地带的文明之光》。

"新月地带"，亦称"肥沃的新月地带"（Fertile Crescent），是芝加哥大学埃及学家詹姆斯·亨利·布雷斯特德（James Henry Breasted，1865—1935）提出的概念，用来指美索不达米亚和地中海东岸定居农业文明起源的地区，其东面是扎格罗斯山脉、北面是陶鲁斯山脉、西面是地中海、南面是阿拉伯沙漠在叙利亚和伊拉克的延伸。"叙利亚"一词，源自"亚述"（Assyria），在古典时期表示地中海东岸地区，大致北起陶鲁斯山脉、南到阿拉伯半岛、东达幼发拉底河。7世纪，阿拉伯人到来后，将这个地区称为"沙姆"（al-Sham），意思是"左侧"，对应的是"也门"，即"右侧"的意思。19世纪，西方列强进入这个地区，开始恢复前伊斯兰教时代"叙利亚"的称呼。1916年，法国与英国达成《赛克斯–皮科协定》，决定在一战后分割沙姆地区。1920年，法国占领沙姆地区北部，建立起委任统治；沙姆地区南部，则由英国建立委任统治。在沙姆地区北部，法国将黎巴嫩分离出来，其他的地方之后组成叙利亚。1946年，法军被迫撤离，阿拉伯叙利亚共和国赢得独立。新月地带、沙姆和叙利亚这些概念，贯穿了这片土地的古代、中世纪和现当代，把古老文明的纵深与当代社会现实联系在一起。

　　叙利亚处在亚、非、欧三大洲交汇之地，地理位置重要，历史上一直是兵家必争之地，也是人员商贸往来的重要通道和走廊，大马士革、阿勒颇、台德穆尔（帕尔米拉）都是享有盛誉的历史名城。悠久的历史和频繁的人员流动，打造了叙利亚多元民族、多元文化共存的格局。在叙利亚阿拉伯人中有逊尼派、阿拉维派、伊斯玛仪派、十二伊玛目派、德鲁兹派等穆斯林群体和基督教徒，此外还有库尔德人、土库曼人、亚述人、亚美尼亚人等非阿拉伯群体。叙利亚地形多样，包括地中海沿岸平原、阿西河谷地、东南部的沙漠和东北部幼发拉底河以东的杰济拉地区。不同的民族宗教群体与不同的地理环境相结合，形成了多姿多彩、形态各异的地域文化。

　　朱慧中在大马士革大学访学期间，几乎走遍了叙利亚的每一个省份，对叙利亚各地的山川、河流、历史、人文进行了综合考察，积累了大量第一手的宝贵资料，基于沉浸式体验形成了独特的观察和思考。《新月地带的文明之光》分成首都、南部、中部、海岸、北部、东部等六个部分，非常详尽地呈现了叙利亚各地的文物古迹和历史沿革。特别有意义的是，他实地考察的很多文物古迹，在2011年爆发的叙利亚内战期间，遭到了不同程度的破坏，有些甚至已经毁于战火。书中的照片，保存了一份叙利亚古老文明和悠久历史的中国记忆。这部书是朱慧中过去20年持续努力和不断成长的经验总结，更是汇入中国现代化进程洪流中的一滴水珠。对于包括中东地区在内的广大发展中国家的知识和认识，相比于中国现代化进程的巨大需求而言还是远远不够的，基于实地调研形成的鲜活知识与深入思考尤为欠缺。朱慧中的这部著作，正如书名所体现的，特别突出了"行"的意义。期待越来越多的中国学子走出国门，走向世界，特别是深入广大发展中国家，通过自己的实地考察和体验，通过自己的观察和思考，搭建基于中国视角和经验的全球知识体系与认知框架。

吴冰冰

北京大学外国语学院阿拉伯语言文化系主任

2023 年 12 月 21 日

目录

大马士革市

大马士革农村省

德拉省

苏韦达省

中部地区

海岸地区

首都地区

大马士革市

最熟悉的大马士革

"人世间若有十分的财富，则其中的九分皆在大马士革。"——历史学家伊本·阿萨基尔（公元1105—1176年）对他最熟悉的大马士革如此评价。

作为叙利亚的首都，大马士革一直是该国的政治和文化中心，但是在经过了多年内战之后，这个城市也"无奈地"取代了阿勒颇，成为该国的经济中心，也是人口最多的城市。大马士革老城是联合国教科文组织评定的"世界文化遗产"，城内遍布极富价值的历史古迹，大马士革老城是承载着人类文明的一颗明珠。

我在这个城市度过了近一年的时光，其间几乎遍访了那里的历史古迹，大马士革是我最熟悉的也是最有感情的中东城市。我曾读过唐师曾先生写的《重返巴格达》，也佩服他当年的勇气，但自2005年结束留学回国之后，十几年过去了，我再也没能重返大马士革。

2011年叙利亚内战爆发以来，我和先前尚有联系的几位叙利亚朋友相继失联，他们至今下落不明，我祝福他们平安。

大马士革能够兴起和繁荣的原因无外乎两点：一是交通便利，二是自然条件优越。

从交通上来讲，大马士革以东是伊拉克、伊朗，经由陆路可达中亚各国和中国；正北是小亚细亚，可连接巴尔干半岛；向西经由山路可以到达贝鲁特及其附近的地中海东部沿岸地区；西南方向是埃及，可达北非各地；东南方向可达沙特阿拉伯的希贾兹地区、也门等阿拉伯半岛腹地。

自然条件的优越是相对而言的。大马士革属于亚热带地中海气候，降水并不多，周边地区也比较荒凉，但正是由于从东黎巴嫩山脉发源的拜拉达河（نهر بردى，Nahr Bardā，凉水河的意思）的滋润，在山脉的东南方向形成了一片绿洲。这片绿洲在阿拉伯语中有个专门的名字叫作"姑塔"（الغوطة，al-Ghūṭah），意为"水源充足、树木繁茂之地"，其长度曾达20公里，宽12～15公里，最北部的界限是卡松山（جبل قاسيون，Jabal Qāsyūn）。[①]姑塔树林茂盛，景色优美，盛产各种水果和蔬菜。

大马士革数千年来持续有人居住，并成为世界历史文化名城，其地理位置的选择是很"讲究"的：老城以西和以北有山，正北是拜拉达河，为城市提供了水源，也对城市构成了一种保护；老城以东和以南是茂密的姑塔，在收获物产的同时，也构成了天然屏障。

公元前64年，大马士革被并入罗马帝国版图，随着一个繁荣而典型的罗马城市形成，大马士革老城的规模在那时已经基本成型并延续至今。罗马时期的大马士革总体上呈长方形，有7个城门，其中的索尔门（今天的东门）保存到现在。城内有一个宏伟的朱庇特神庙，后来演变为圣约翰大教堂，今天还能看到它的一部分遗迹。

当时大马士革最重要的街道是"直街"，它是城内一条东西方向的主干道，也是一个在《圣经》中被提及的地方。[②]直街横贯大马士革，中间是一条十几米宽的大马路，两侧有带屋顶的柱廊。据说，当时直街的边上有很多店铺，车水马龙，十分热闹。我当时还专门抽出了半天时间去实地踏勘过这个地方，发现直街至今尚存，只不过早已成了普通的柏油路，两侧的柱廊也已完全消失。20世纪40年代施工时，还在直街一带发掘出一个当年的拱门。

---

① 卡松山是位于大马士革市区西北的一座小山，植被较差，属于东黎巴嫩山脉的东部边缘，能俯瞰大马士革市区。我觉得这座山在位置上类似于北京的香山，也适于登高观景。

② "主对他说：'起来！往直街去，在犹大的家里，访问一个大数人，名叫扫罗，他正祷告；'"见《新约·使徒行传》9：11。本书采用的《圣经》版本：中英文对照圣经，中文采用简化字的《新标点和合本》，英文采用新修订标准版圣经（NRSV），南京，2000年。

老城北面拜拉达河的一段河道，曾是护城河，原先的城墙已经不见踪影，拍摄时正值水量丰沛的季节

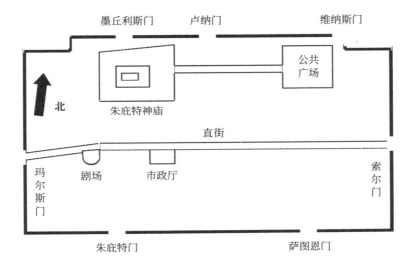

墨丘利斯门　　　卢纳门　　　　　　维纳斯门

公共广场

北

朱庇特神庙

直街

玛尔斯门　　剧场　　　市政厅　　　　　　　　　　　索尔门

朱庇特门　　　　　　　　萨图恩门

罗马时期的大马士革。作者根据法国学者让·索瓦热《沙姆的大马士革》一书手工绘制

直街上的罗马拱门。1950年叙利亚文物部门对其进行了修复，并将其竖立在直街上

636年，穆斯林军队攻占大马士革。在阿拉伯伍麦叶帝国时期（661—750年），作为横跨欧亚非三大洲帝国的首都，大马士革和唐朝都城长安同为当时世界上最有影响力的城市。大马士革伍麦叶清真大寺的建立，象征着伊斯兰教在叙利亚的胜利，至今仍是老城内最著名的古迹。

黎巴嫩裔的美国历史学家希提在《阿拉伯通史》中提道："在这个首都的中心，伍麦叶王朝漂亮的宫殿，像全城的花园所组成的翠玉腰带上的一颗大珍珠一样，屹立在当中，在这里可以眺望四周广阔而丰饶的平原，那个平原，向西南延伸到终年积雪的赫尔蒙山。"[①]由此可以想象当时大马士革的美景。可惜伍麦叶人建立的王宫——"绿圆顶宫"（قصر القبة الخضراء, Qaṣr al-Qubbah al-Khaḍrā'）没能保存至今。

有意思的是，作为史上第一个伊斯兰帝国的首都，当时的大马士革虽然达到了威望的顶峰，但除了伍麦叶清真大寺和绿圆顶宫以外，这座城市在整体上还保持着以前罗马时期的老样子。

伍麦叶王朝覆亡之后，大马士革迅速衰落。努尔丁·赞吉（نور الدين زنكي, Nūr al-Dīn Zankī）和萨拉丁（صلاح الدين, Ṣalāḥ al-Dīn）统治大马士革的时期（约1154—1193年），是这座城市发展史上的另一个黄金时期。如果大家看过电影《天国王朝》，就会了解到当时的大马士革是萨拉丁的根据地，也是抗击十字军的核心堡垒，在穆斯林世界享有举足轻重的地位。这一时期大马士革的城墙和城堡得以加固，城内新修了很多公共设施，大马士革也成为伊斯兰教逊尼派的宗教文化中心。

大马士革老城今天的样子在公元12世纪已基本成型：城墙和街道蜿蜒曲折，城内遍布清真寺、学校、浴室、医院和市场等。老城大体上可分为4个区：西北是老城的宗教和商业中心，也有穆斯林居民区；西南是穆斯林居民区（简称穆斯林区）；东北是基督教居民区（简称基督区），今天还保存着一些基督教胜迹，比如圣玛利亚教堂（الكنيسة المريمية, al-Kanīsah al-Maryamīyah）和哈拿尼亚教堂（كنيسة حنانيا, Kanīsat Ḥanāniyā）；东南是犹太教居民区（简称犹太区），一直到20世纪中叶，这里仍居住着

---

① 希提：《阿拉伯通史》（上册），马坚译，商务印书馆，1979，第248—249页。

6

不少犹太人，后来由于巴以冲突等因素，犹太教徒基本上已经迁走了。

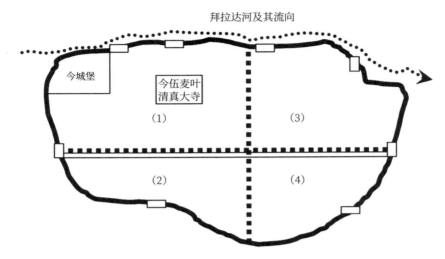

大马士革老城的四分图：（1）和（2）为穆斯林区，（3）为基督区，（4）为犹太区。作者手工绘制

1250—1517年是大马士革的麦木鲁克时期，虽然国家比较混乱，但统治者素丹们喜欢大兴土木。这期间的一些清真寺和学校等古建筑留存至今，其代表性的有老城内的扎希里叶学校（المدرسة الظاهرية, al-Madrasah al-Ẓāhirīyah）和哲格麦格学校（المدرسة الجقمقية, al-Madrasah al-Jaqmaqīyah）。此外，这一时期的建筑形成了典型的麦木鲁克风格，很有特色。

奥斯曼帝国时期（1516—1918年），由于商业发达，大马士革出现了很多市场，以艾斯阿德帕夏市场（خان أسعد باشا, Khān 'As'ad Bāshā）为代表，也出现了包括阿兹姆宫（قصر العظم, Qaṣr al-'Aẓm）在内的许多精美的私人宅院。一些古建筑也随着城市的扩张而建立在城墙以外，比如有着典型奥斯曼风格的苏莱曼尼耶修道院（التكية السليمانية, al-Takīyah al-Sulaimānīyah）和息南帕夏清真寺（جامع سنان باشا, Jāmi' Sinān Bāshā）。

这座城市的历史就先说这么多。

2011年以来，惨烈的叙利亚内战威胁到大马士革众多的历史古迹。上文提到了姑塔，千百年来，大马士革人民用无数的诗词来歌颂她的美丽和富饶。大马士革原本是在姑塔的四面环绕之中建立起来的，后来经过多年的发展，只有城市以东的姑塔还保存较好。2013年开始，数支反对派武装以东姑塔为据点，向大马士革市区发动攻击，叙政府一直面临着巨大压力，5年以后才将反对派武装在东姑塔的最后一个据点——市区东北的小镇杜马（دوما, Dūmā）攻下。

东姑塔之战，造成生灵涂炭，不知有多少人流离失所。在叙留学期间，我和几位同学去过杜马两次，到一位大马士革大学的同学家里做客，至今记忆犹新。2018年看到新闻——政府军最终控制了杜马。然而这个大马士革的卫星城，曾经是叙利亚第九大人口聚居地，已经沦为一片废墟。

所幸的是，虽面临严重威胁，但大马士革市内的众多历史古迹保存了下来。

老城内的穆斯林区，街道狭窄曲折，当地居民住宅的阳台往往突出墙体外，形成一种特色

老城内的基督区

老城内的犹太区，是城内最残破的区域，还能看到许多当年犹太人留下来的破旧房屋

国家宝藏——伍麦叶清真大寺

伍麦叶清真大寺的礼拜殿北墙，其上方是被称为"鹰顶"的巨大穹顶，礼拜殿正面有着绚丽的马赛克装饰

初到叙利亚留学的时候，有一天我在大马士革大学文学院听阿拉伯语课，课间和旁边一位戴着雪白色头巾的叙利亚姑娘闲聊。她得知我连伍麦叶清真大寺都没去过时，显得既惊讶又惋惜，然后笑着告诉我那是大马士革最著名的古迹。这位女生说每当自己情绪不佳的时候，都会去那个清真寺和附近不远处的阿兹姆宫走走，然后心情就会好很多。

既然如此，我和廉老师就一起造访了伍麦叶清真大寺，先后去过四五次。

伍麦叶清真大寺全称是"伍麦叶家族清真大寺"（جامع بني أمية الكبير，Jāmi' Banī 'Umayyah al-Kabīr），这座有着1300多年历史的清真寺，是老城内最高的建筑，它代表着大马士革以及叙利亚历史上最辉煌的时代，有着无可比拟的地位。如果要选择一个建筑物作为这个国家的象征，那么必定是伍麦叶清真大寺。

先说一下这个清真寺的前世今生。

今天伍麦叶清真大寺所在的位置（老城西北），历来都是一块宗教圣地。据称早在公元前11世纪，这里就出现了阿拉马人的神庙。

后来罗马帝国在这里建成了极为宏大的朱庇特神庙，有内、外两层墙，外墙长358米，宽305米，内墙尺寸为119米×97米，神殿居于内墙之中。这个神庙在古代地中海世界享有盛名，阿拉伯人也久闻这个神庙的大名，并将其称为"大马士革要塞"。最初我并不理解为什么当年阿拉伯人要将其称作"要塞"，后来去了巴尔米拉罗马古城游览，看到那里曾经的巴勒神庙后来真的被改造成一个军事堡垒时才恍然大悟。

朱庇特神庙的东西二门——吉龙门和拜利德门非常有名，以至于后来伍麦叶清真大寺的东门和西门也沿用了这两个名称。在今天清真寺的东、西和北门以外，还保存着大量的罗马石柱，清真寺礼拜殿南墙外侧，也能明显地看到被封死的古罗马大门，这些都是当年神庙的遗迹。

在老城西北的这块地方，单从面积和规模上讲，朱庇特神庙是空前绝后的。以至于我会忍不住地感慨：罗马建筑实在是古代世界的奇迹，不服不行。

公元4世纪后半期，随着基督教的兴起，朱庇特神庙被教堂取代，形成了后来的圣约翰大教堂。这个教堂比朱庇特神庙要小很多，大致以原先神庙的内墙作为外墙，并在其内部兴建了礼拜堂。

大教堂因圣约翰而得名，这个圣约翰就是著名的基督教圣徒"施洗约翰"（يوحنا المعمدان，Yūḥannā al-Maʿmadān）。约翰在约旦河里为包括耶稣在内的众人洗礼，最后遭遇斩首殉道。据称他的头颅就埋葬在圣约翰大教堂。

今天伍麦叶清真大寺礼拜殿内的圣约翰墓，被认为是施洗约翰的头颅冢

636年，阿拉伯穆斯林开始统治大马士革。一个有趣的现象是，在伍麦叶清真大寺修建之前近70年的时间里，穆斯林一直借用圣约翰大教堂东边的一部分作为临时清真寺，和基督教徒们共享这块宗教圣地。[①]后来随着穆斯林人口的增长，这一临时清真寺日益拥挤。

到了哈里发韦立德·本·阿卜杜勒·麦利克（وليد بن عبد الملك，Walīd

---

① 穆斯林对大马士革的占领是通过立约投降的方式取得的，因此按照契约，穆斯林有义务保护基督徒的生命和财产，教堂自然也在受保护的范围之内。

bun 'Abdul Malik）在位的时候，正是伍麦叶王朝的极盛时期，各种内战外战刚结束，四海清晏。修建该寺既是要扩大穆斯林宗教场所的空间，更是要显示伊斯兰教的伟大和伍麦叶帝国的强盛。韦立德要使这个清真寺在各方面超越基督教堂，因此不惜花费巨资用于建设。

705年，韦立德发布命令，宣布拆毁圣约翰大教堂，开始营建伍麦叶清真大寺。这一命令自然遭到了基督教徒的强烈反对，但无济于事。据说君士坦丁堡的东罗马皇帝还专门写了一封信给韦立德，对其加以责问。建寺的能工巧匠主要来自波斯、印度和罗马，用了十余年的时间才完工，总耗资达到1100万第纳尔[①]。

站在大马士革城堡上看伍麦叶清真大寺，这是难得的观赏处

接下来再说一说这个清真寺的内部结构。

伍麦叶清真大寺总体上呈矩形，东西长157米，南北宽97米。从这个宽度看，我们有理由推测清真寺及先前的圣约翰大教堂的南北墙都借用了朱庇特神庙的内墙。

———————————

① 第纳尔是一种阿拉伯金币。

今天清真寺的内部构成，按照我的理解，大致可以归纳为"一二三四"，即一个大殿和庭院、两个圣墓、三个宣礼塔和四个大门。

大殿也叫礼拜殿（حرم，Ḥaram），是供穆斯林聚集在一起做礼拜的室内场所。伍麦叶清真大寺的大殿呈矩形，位于整个建筑的南部，长136米，宽37米，大殿顶部由两排平行的柱子支撑，形状为"大拱顶小拱"。礼拜殿中部的上方是气势恢宏的圆形穹顶，名为鹰顶（قبة النسر，Qubbat al-Nasr），[①]直径达到16米，距地面45米。鹰顶从内部看呈浅绿色，从外部看呈灰色，气势非凡。礼拜殿北墙开有25扇巨大的木门，连接外面的庭院。

大殿北墙正中的高处，能看到大量精美的马赛克画，绘有植物、建筑等造型。据记载，清真寺在最初建立的时候，礼拜殿高于7米的部分全都用鎏金的马赛克进行装饰。值得一提的是，马赛克艺术在拜占庭时期非常发达，伍麦叶清真大寺那无比绚烂的鎏金马赛克装饰，出自拜占庭工匠之手，表现了早期阿拉伯穆斯林的审美和价值观。

清真寺的礼拜殿，可以看到其内部主要由两排并列的拱券来支撑屋顶，颇有罗马古城廊柱的遗风

---

① 大殿穹顶很高，像雄鹰一样俯瞰大马士革，因此而得名"鹰顶"。

伍麦叶清真大寺的庭院（صحن, Ṣaḥan）长122.5米，宽48米。最初的地面全部以马赛克铺成——可以想象当年是多么华丽。后来大寺毁于火灾后，才改用石头铺地，今天庭院的地板是光滑的大理石。

庭院内有三个带有圆顶的小型建筑，在阿文中都称作"拱顶"（القبة, al-Qubbah）。在我看来，这几个建筑类似于中国的亭子（最西边的宝库亭除外），因此暂且将其称作"亭"，从西到东分别是：宝库亭、喷泉亭和钟亭。

宝库亭（قبة الخزنة, Qubbat al-Khaznah），又称钱亭（قبة المال, Qubbat al-Māl）：八根石柱支撑起一个八棱柱形的封闭式建筑，上面是一个圆顶，外壁饰以金光闪闪的马赛克。宝库亭始建于公元8世纪末，顾名思义，这个建筑是当时的大马士革长官为存放金银财宝而修建的。可是后世的人们打开宝库亭的时候，除了一些书籍和手稿，什么也没有发现。

喷泉亭（قبة النوفرة, Qubbat al-Nawfarah）：基本上位于庭院的正中，也是由八根石柱支撑的一个亭子。亭子下方有一个喷泉，环绕喷泉的地方很适合穆斯林进行小净，因此也被称为"小净亭"（قبة المتوضأ, Qubbat al-Mutawaḍḍa'）。①

钟亭（قبة الساعات, Qubbat al-Sā'āt）：其形状比较简单，底部也是八根石柱，上面是一个穹顶，除此以外别无他物。之所以被称为钟亭，是由于这里曾放置着清真寺的时钟。

若要欣赏伍麦叶清真大寺的美景，庭院是再合适不过的地点了。在节假日，做完礼拜的人们常在这里散步闲谈，孩子们则在这里追逐嬉戏，头顶上的鸽子飞来飞去，呈现出一派祥和的景象，我也非常享受在庭院里信步时的那种感觉。

两个圣墓其实是清真寺里两个葬着人头的墓（头颅冢）。一个是圣约翰头颅冢，一个是伊玛目侯赛因的头颅冢。

圣约翰头颅冢位于礼拜殿东侧，墓室体积不大，上面有一个绿色的

---

① 穆斯林做礼拜之前要进行清洁，分为大净和小净。大净是全身沐浴；小净则是用水洗脸，洗手至肘部，洗脚至脚踝，必要时也可用净土或净沙。

圆顶。据说在最初修建清真寺的时候，人们发现了一个洞穴，于是便禀告了哈里发韦立德，韦立德亲自手持蜡烛进洞察看，结果发现了一个小型的教堂，在教堂里又找到了一个匣子，上面写着"约翰·本·宰克里亚（يحيى بن زكريا，Yaḥyā bun Zakriyā）之首级"，匣子里有一颗人头，皮肤和毛发竟然都保存完好。哈里发吃了一惊，命人将其放回原处，并在发现洞穴的地方做了明显的标记，后来又添加了棺椁，修建了圣墓。

施洗约翰是穆斯林崇敬的先知之一，何况伍麦叶清真大寺就是在圣约翰大教堂的基础上建立起来的，圣约翰墓至今保存完好并受到礼遇。此外，距离圣墓不远处还能看到一口水井，现已被堵死，但大理石质的井架等物保存完好，据说这口水井在基督教时期是用于洗礼的。圣约翰头颅冢和水井一起，成为大教堂在伍麦叶清真大寺留下的永恒痕迹。

当年教堂用来洗礼的水井，至今还保存在伍麦叶清真大寺的礼拜殿里，拍摄这张照片的时候，孩子们在那里欢快地玩耍

伊玛目侯赛因[1]的头颅冢（مشهد حسين, Mashhad Ḥusayn），位于清真寺东门以北的配殿里。在这个配殿最靠里的一个房间，能看到一具有着典型伊斯兰教什叶派特征的棺椁，外侧有金属围栏，据说里面盛殓着侯赛因的头颅[2]。这里是大马士革的一处什叶派圣地，每年都有为数众多的什叶派穆斯林来此朝圣。

至于这个头颅冢出现在这里的缘由，按照本书作者的理解，在当年伍麦叶王朝的哈里发看来，平定阿里党人（后来的什叶派）的叛乱，斩首侯赛因是他们的一项功绩。在炫耀武力、警告世人的同时，考虑到侯赛因的高贵出身，其头颅也只有安置在大马士革最重要的宗教场所——伍麦叶清真大寺里面了。

侯赛因头颅冢外面的金属围栏

---

① 这位侯赛因是阿拉伯历史上的一位重要人物：他是先知穆罕默德的外孙，是第四大哈里发阿里和先知女儿法帖梅所生的儿子。680年，侯赛因被当时伍麦叶王朝哈里发叶齐德（يزيد, Yazīd）派出的军队杀死于伊拉克的卡尔巴拉，他的头颅被割下来，并被带至大马士革交给叶齐德。侯赛因是伊斯兰教什叶派历史上最重要的人物之一，并被什叶派尊为伊玛目。卡尔巴拉惨案在后来的什叶派穆斯林心中留下了巨大的伤痛，也是后来伊斯兰教什叶派形成过程中极为重要的历史事件。
② 另一种比较普遍的说法是，伊玛目侯赛因的头颅曾经在大马士革短暂停留过，后来这颗头颅就被送回了伊拉克的卡尔巴拉，与其遗体合葬在一起。

伍麦叶清真大寺共有三个宣礼塔，都有其来历和讲究。

首先是西宣礼塔。位于清真寺的西南角，其前身据说是圣约翰大教堂的一个钟楼，现存的宣礼塔高65米，是麦木鲁克王朝的素丹①嘎伊特贝（قايتباي, Qāytbāy）在位时期重修的，具有典型的麦木鲁克风格，也被称作嘎伊特贝塔。顺便说一句，这位素丹在位时，还在埃及亚历山大港的海边修建了一个城堡，至今仍是当地的著名景点，吸引着大量游客前去参观。

其次是东宣礼塔。又称白塔，位于伍麦叶清真大寺的东南角，据说其前身是圣约翰大教堂的另一个钟楼。东宣礼塔在艾优卜王朝和麦木鲁克王朝都经历过重修，奥斯曼时期对其进行重修时，在宣礼塔顶端添加了一个圆锥形的灰色尖顶，具有典型的奥斯曼建筑风格。东宣礼塔的高度约为68米，是伍麦叶清真大寺最高的宣礼塔，也是整个叙利亚最高的宣礼塔。

最后说一说新娘宣礼塔（منذنة العروس, Mi'dhanat al-'Arūs）。位于清真寺北墙的中部，高约60米，和伍麦叶清真大寺一起诞生，也是清真寺最主要的宣礼塔。据说该宣礼塔最初建成时，整个塔身饰以鎏金的马赛克，被认为是世界上最美的宣礼塔，因而得名新娘宣礼塔。1168年清真寺发生火灾，宣礼塔也遭到损毁，后来萨拉丁对其进行了修复。伍麦叶帝国幅员辽阔，这个塔建成之后便成为叙利亚、北非和西班牙宣礼塔建筑的典范，被认为是世界上保存至今的最古老的宣礼塔。

伍麦叶清真大寺的东西南北各有一个大门，这4个大门也都有各自的历史渊源和特色。

东门，又称"吉龙门"（باب جيرون, Bāb Jīrūn）或"喷泉门"。被称为"喷泉门"，是因为该门以外的一个街区被称作"喷泉区"（حي النوفرة, Ḥayi al-Nawfarah）。东门是整个清真寺最大的门，由三个矩形的门构成：中间的门极高大雄伟，其他两个较小。

西门，又称"拜利德门"（باب البريد, Bāb al-Barīd）。现在的西门修建于麦木鲁克时期，也是由"一大两小"三个矩形的门构成。西门是最热闹

---

① 素丹（Sulṭān），也可翻译成"苏丹"，古代伊斯兰教国家政教合一的领袖，本文统一采用"素丹"这一称谓。

的一个大门，门外有一个小型的广场，和哈米迪叶市场的东端相接，常常游人如织。我每次进入伍麦叶清真大寺，都是先坐车到哈米迪叶市场的入口，然后穿过老市场，来到清真寺的西门。

美丽的新娘宣礼塔，最初建成时整个塔身饰以鎏金的马赛克

南门，也叫"齐雅代门"（باب الزيادة，Bāb al-Ziyādah，意为"新添的门"）或"礼拜朝向门"（الباب القبلي，al-Bāb al-Qiblī），位于礼拜殿南墙偏西的方向，门外是繁华的商业区，靠近艾斯阿德帕夏市场和阿兹姆宫等旅游景点。对于进入清真寺做礼拜的穆斯林而言，由此门进入最为便捷。

北门，也叫"天堂门"（باب الفراديس，Bāb al-Farādīs）或"阿马拉门"（باب العمارة，Bāb al-ʿAmārah）。这两个名字的由来是因为北门通往大马士革老城的一个城门——天堂门，而门外的街区叫作"阿马拉区"。北门外西侧有一个小型的广场，毗邻萨拉丁墓和今天的阿拉伯书法博物馆。

此外，我还观察到，礼拜殿南墙居中处的墙体上，还有一个被砌死的罗马大门，至今从清真寺外面还能明显地看出来，我推测是当年朱庇特神庙内墙的一个门。

伍麦叶清真大寺西门，也是人流量最大的一个门。大门两侧墙体的材料，能明显地看出是罗马时期的石料

伍麦叶清真大寺建成以来，曾经遭到多次损毁，之后又不断得到修复，可以说是几经磨难。

火灾是对清真寺造成破坏的最主要因素，无论毁于兵火还是不慎失火。1069年的火灾使清真寺几乎完全烧毁，只剩下四壁；1339年的火灾使清真寺的东部几乎完全被烧毁，包括东宣礼塔；1401年，清真寺被蒙古人帖木儿的军队纵火烧毁。

最近的一次大火灾发生在1893年，当时一个在清真寺屋顶上作业的维修工人因为抽水烟不慎引发火灾，导致包括礼拜殿、西宣礼塔、侯赛因头颅冢等在内的多处主要建筑被烧毁。为修复清真寺，大马士革人民有钱出钱、有力出力，为清真寺的修建做出了重大贡献。为了从大马士革西部的麦扎（المزة, al-Mazzah）山区运输巨大石料，叙利亚本土工程师阿卜杜拉·哈穆威（عبد الله الحموي, 'Abdullāh al-Ḥamwī）自行设计了一辆长方形的木制大车，用牛牵引，最终解决了这一难题。重修工作直到1903年才完成，那辆大车至今还停在伍麦叶清真大寺北部的柱廊内，成为历史的见证。

除了火灾，地震也是毁坏清真寺的又一主要因素。历史上伍麦叶清真寺多次遭遇地震，其中最严重的两次是：1198年的地震，东宣礼塔的一部分倒塌，清真寺的鹰顶被震裂，随后倒塌；1759年，一次强烈的地震导致清真寺的北墙和东墙坍塌，1个月之后，一次更为严重的地震袭来，清真寺的东宣礼塔倒塌，鹰顶坠地，东侧殿也被震塌。

由于数次损毁和修复，伍麦叶清真大寺的面貌已经和最初建寺时有了很大的变化，也被打上了各个时代的烙印。

伍麦叶清真大寺脱胎于大马士革朱庇特神庙和圣约翰大教堂，象征着叙利亚悠久的历史和宗教文化交融，它那宏伟的身躯和熠熠生辉的鎏金马赛克，代表着叙利亚历史上的无限荣光。

今天再次回忆起这个清真寺，我依然有些激动。离开叙利亚已经十多年了，但我一直关注着这个让自己难以忘怀的国家。

本篇的主角伍麦叶清真大寺是叙利亚的象征和国家宝藏。1300多年以来，虽然历经战争、火灾和地震等多重磨难，这个清真寺仍然顽强地保存至今，历久而弥新。相信内战结束以后，伍麦叶清真大寺依然是叙利亚人民凤凰涅槃、重建家园的精神寄托。

从艾斯阿德帕夏市场的房顶上北望伍麦叶清真大寺，中间的穹顶和东西两个宣礼塔清晰可见，这也是难得的观赏清真寺的角度

据说东、西宣礼塔是从当年教堂的钟楼改造而来的，后经重建，风格已截然不同，其中东宣礼塔（左侧）更多地保存着当年罗马教堂钟楼的外貌特征

宝库亭

喷泉亭

钟亭

清真寺北门，照片右侧还有当年罗马神庙留下的柱子和拱券等遗迹

大马士革的城墙与城门

可能是天性使然，我从小就喜欢各类古城，对于在城门和城墙爬上爬下一向都乐此不疲，这习惯到现在也没有改变。

在叙生活期间，看到了大马士革的几个城门和一部分城墙之后，我逐渐萌发了一个念头，要用脚丈量，走遍大马士革的城墙和城门。为完成这个目标，我一手握着指南针，一手拿着地图，曾数次钻市场、闯民居、越沟壑，询问当地居民，有时还拉上廉老师和其他几位同学，总之他们跟着我也受了不少苦，不管怎样，最后总算达成了这个小小的心愿。

据我所见，大马士革的城墙和城门总体上保存得比较完整，9个古城门里还有8个尚存，城墙也还有百分之七八十保存至今。和北京相比，虽然没有明代北京的城桓那么高大雄伟，但是大马士革城墙和城门的历史更加悠久，且各具特色。此外幸运的是，在现代城市扩张过程中，大马士革并没有遭遇过大规模的"拆城运动"。

说起今天老城的城墙，不得不提起罗马时期的大马士革。据记载，当时大马士革的城墙总体呈矩形，长约1500米，宽约750米，筑城所用的石料是方形的，高大而坚固，每一块的高度达到80～90厘米。可以作为比较的是，之后努尔丁和艾优卜时期的筑城石料高度为50～60厘米，麦木鲁克时期的石料高度为20～30厘米，而奥斯曼时期仅使用了一些泥土和碎石。

罗马时期的建筑是极其恢宏的，每一个造访过罗马古城的人，看到那平整而坚固的城墙，都会留下深刻的印象。对于大马士革，仅从筑城的石料尺寸上讲，罗马时期之后实在是一代不如一代。时至今日，城墙东部和北部部分地段的墙体，还能看到罗马时期留下的巨大石料。

7世纪，大马士革进入了伊斯兰时期，在随后一百多年的时间里，这座城市一直沿用罗马时期坚固的城墙。伍麦叶帝国覆灭（750年）之后，新兴的统治者阿拔斯人对作为前朝都城的大马士革进行了惩罚性的破坏，罗马时期修建起来的坚固城墙大部分被拆除。

和平门到托马斯门之间的一段城墙，下部可见罗马时期的大石块

这之后一段漫长的时期内，在原先罗马城墙的大致位置上，逐渐形成了大马士革现存的弯弯曲曲的城墙。

托马斯门到东门之间的一个方形角楼（努尔丁时期修建）

　　12世纪，努尔丁统治大马士革以后，由于战争频繁，大马士革的军事建筑得到了很大的发展。努尔丁对城墙进行了修复，并在墙体外侧加筑了许多半圆形或其他形状的塔楼（马面），用以增强其防御能力。

　　在奥斯曼时期（16至20世纪），由于火器和其他新型军事装备的广泛使用，城墙已逐渐丧失了原先的军事防御功能，大马士革的部分城墙因年久失修而逐渐坍塌，一些居民还把住宅建筑在城墙上。

　　今天的大马士革城墙，仍然是老城的重要景观。东、西、南段城墙之外都有公路围绕，拜拉达河从北侧城墙外流过，在某些地段，突出墙体之外的马面和角楼依然清晰可见。现存城墙的一个显著特点是城墙之上加盖的住房比比皆是，窗户、烟囱和电视天线十分醒目，且至今仍有人居住。

目前的这种"私搭乱建"的状况，在我看来一方面是对城墙的破坏，另一方面出于呵护栖身之地的目的，居民们发挥"钉子户"精神，也能对古城墙形成一种保护吧。

托马斯门到东门之间的一段城墙，已经被改造为上下两层的民宅

再来说说城门。城门是一个城市的点睛之笔，北京的一些城门比如西直门、东直门等，虽然已经不存在了，但总能让人产生无限的回忆，而且现在往往代指一个地区。大马士革也是如此，如果我们今天听到大马士革人说巴布托马（托马斯门）、巴布查比叶（查比叶门）等，也通常指的是该城门周边的地带。

伊斯兰时期的大马士革主要有9个城门，其中的8个保存至今。这些古城的城门也大都能追溯到罗马时期，当时的大马士革一共有7个城门，每个城门代表一个罗马神，每个神象征着一个星宿，即日、月和水、木、金、火、土五大行星，具体如下：

罗马时期的城门名称及其代表的罗马神	该罗马神所代表的天体	今天的名称
索尔（Sol）门/太阳神	太阳	东门
萨图恩（Saturn）门/农事之神	土星	基桑门
朱庇特（Jupiter）门/主神	木星	小门
玛尔斯(Mars)门/战神	火星	查比叶门
墨丘利斯（Mercurius）门/商贾之神	水星	天堂门
卢纳（Luna）门/月神	月亮	哲尼格门
维纳斯（Venus）门/爱与美之神	金星	托马斯门

这7个罗马城门之中，只有索尔门的主体保存到了今天，也就是现在的东门。卢纳门（后来的哲尼格门，باب الجنيق，Bāb al-Janīq），据说大致位于今天的托马斯门和平安门之间，但是早已消失，其确切位置和消失的时间也不得而知。其余的5个罗马城门完全损毁了，现存的城门都是后世在原先的位置上新建的。

拜占庭时期，基督教成为大马士革的主流宗教。为纪念耶稣诞生，哲尼格门改名为"圣诞门"，维纳斯门改名为"托马斯门"（托马斯是耶稣的十二门徒之一）。

阿拔斯人攻占大马士革后，对这座城市进行了大肆的破坏，一些城门被捣毁，包括玛尔斯门。公元11世纪，塞尔柱克王朝在今大马士革城堡以南、哈米迪叶市场的大门附近新修了一座城门，也就是后来的胜利门（باب النصر，Bāb al-Naṣr），这是大马士革伊斯兰时期新修的第一座城门。遗憾的是，1863年为拓宽哈米迪叶市场，该城门遭到拆除。

1154年努尔丁开始统治大马士革。他在城墙北部新建了两个城门——平安门和喜悦门，封闭了位于城墙东南的基桑门，其他几个城门也都按照内外双层门的设计进行翻修和加固。新建和封闭城门，都是出于安全的考虑：城北由于受到姑塔绿洲和拜拉达河的双重保护，最为安全，而南部基桑门一带则无险可守。此外，努尔丁还在每个城门建立了一个小的清真寺，清真寺的宣礼塔都被竖立在城门之上，高耸的宣礼塔在战时可以用作观察敌情的瞭望塔。今天大马士革城门的状况，在努尔丁时期已经基本形成了。

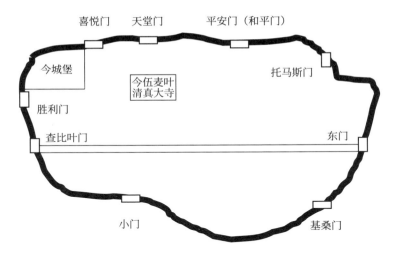

喜悦门　　天堂门　　　平安门（和平门）

今城堡

今伍麦叶
清真大寺

托马斯门

胜利门

查比叶门

东门

小门

基桑门

大马士革老城的9个城门，本书作者手绘

小门（باب الصغير, Bāb al-Ṣaghīr）：位于老城西南原罗马时期朱庇特门的位置，有内外两层城门，建成时是大马士革最小的一个城门，因而得名。

根据我的观察，小门的"小"是名副其实的，尤其是外侧门的尺寸，的确较小，城门上方的垛口得到了修复，有一条马路穿门而过。小门的正上方还有民居，目测尚有人居住，旁边的宣礼塔非常醒目。值得一提的是，出此城门不远处有一片墓地，埋葬着伊斯兰教和大马士革历史上的众多知名人士，因小门而得名"小门墓地"，小门也因这片圣墓而声名大噪。

查比叶门（باب الجابية, Bāb al-Jābiyah）：前身是罗马时期的玛尔斯门，阿拉伯人统治大马士革后，转而按照阿拉伯人的习惯命名为查比叶门——因其朝向城外的查比叶村。

伍麦叶时期的查比叶门和东门一样，也是罗马三拱门的形态，8世纪中叶阿拔斯人攻占大马士革后，查比叶门遭到毁坏。现存的查比叶门是在1164年（努尔丁时期）重修的。

今天查比叶门的内外双层门形态保存完整，外门长方形的门框轮廓清晰，包着铁皮的门板尚存，门框内部的阿拉伯文铭文保存得也很完整，内门的拱券清晰可见，但除了前门的铭文，门框以上的部分整个都已经损毁了。整个城门被服装商店包夹，连前后两层门之间都挂满了五颜六色的纺织品，俨然已经湮没于商铺之中了。

小门的内侧

最难寻觅的一个城门——查比叶门

查比叶门非常隐蔽，是目前所有城门里最难找到的一个。还记得那次我和三位同学在周边的服装市场里寻觅了良久，终于发现了这个城门的下落。当时城门边上还有人在施工，我至今记得有一位裹着头巾、手持铁锹的叙利亚老伯看到我们对着古城门拍照，就在旁边兴奋地大声说"حضارة, Ḥaḍārah"（"文明"的意思），看到有外国人来此寻觅叙利亚的历史古迹，这位大伯也很为自己的国家自豪。

喜悦门（باب الفرج, Bāb al-Farj）：位于城墙的西北部，靠近今大马士革城堡东墙，是12世纪统治者努尔丁新修的城门。据说努尔丁在修好这个城门后非常高兴，因此而得名。喜悦门在阿拉伯语中，也可以翻译成"解脱门"。

目前喜悦门也置身于商业区，四周都是商店，一条马路穿门而过，因此并不难寻找。现存的喜悦门修建于麦木鲁克时期，也是典型的双层门结构，有内外两个门，中间由十几米的门洞相连。内门仅存拱券，外门保存得非常完整也很美观，外立面全部采用黑白相间的条石作为装饰，带有典型的麦木鲁克风格。

带有麦木鲁克建筑装饰风格的喜悦门（外门）

天堂门（باب الفراديس, Bāb al-Farādīs）：前身是罗马时期的墨丘利斯门，位于北部城墙中段偏西的位置。在伊斯兰时期，由门外一个名叫"天堂市场"的商铺而得名。

现存的天堂门由艾优卜王朝的国王撒列哈于公元1241年重修，也是双层门结构，内门拱券清晰，白色的外门也保存得很完整：门板、门框及其上方的阿拉伯文铭文都尚存，铭文上方的石雕也都保存了下来。整个外门显得庄严肃穆。现在的天堂门也位于商业区，上方还被商场的一片巨大顶棚所笼罩，因此很难寻觅。

平安门（باب السلامة, Bāb al-Salāmah）：位于北城墙中段偏东的位置，也是12世纪努尔丁新修的城门，由于门外有河流和树林作为屏障，易守难攻，十分安全，因此而得名。这个城门的名字也有一些其他的说法，在部分资料中（包括今天挂在城门上的标示牌），该城门被称作"和平门"（باب السلام, Bāb al-Salām）。

1243—1244年，艾优卜王朝的国王撒列哈重修过这个城门，奠定了今天的基础。如今的平安门临拜拉达河，外门保存完整，矩形门框上的铭文清晰可见，拱券上方的建筑（如垛墙及墙体上的射箭孔）显然在近些年修复过。整个城门比例和谐，美观大方，是大马士革人眼中最美的城门。

托马斯门（باب توما, Bāb Tūmā）：前身是罗马时代的维纳斯门，位于老城的东北，罗马帝国基督教时期改名为托马斯门，这个名字在伊斯兰时期沿用了下来，托马斯门也是大马士革进入伊斯兰时期之后唯一没有改名的城门。

这个城门的一大特点是毗邻大马士革老城东北部的基督教居民区，城门周边有很多古老的教堂，聚居着为数众多的基督徒。托马斯是耶稣的十二门徒之一，这个城门一千多年来没有更名，大约和周边这些虔诚的基督徒有关系吧。

现存的托马斯门是在1227年艾优卜王朝时期重修的，双层城门的结构保存完整，外门上方的垛墙及射箭孔有明显的修补痕迹。托马斯门位于老城东北部一条主干道中间的环岛上，为了给马路让道，城门两边的城墙已经被拆掉了，但是城门主体保存了下来，既要便利交通，又要保护古迹，可见叙利亚文物工作者的良苦用心。托马斯门的这个位置，竟让我想起北京八达岭高速起点东西车道环抱中的德胜门箭楼。

天堂门的外门

最美的城门——平安门的外门

托马斯门的外侧：该城门现在位于一个交通环岛上

东门（الباب الشرقي, al-Bāb al-Sharqī）：原系罗马时代的索尔门，始建于公元3世纪初，位于老城的正东，伊斯兰时期改称东门。在大马士革的古城门里，东门的特点最为明显：是唯一保持着当年罗马三拱门形态的城门。

像东门这样的三拱门是罗马城门的典型代表，反映出罗马盛世政治环境的安定，但这种结构的城门，虽然雄伟又富丽堂皇，但其军事防御功能比较差，不利于防守。

努尔丁时期（12世纪），战乱频繁，由于东门的罗马三拱门形态不利于防卫，因此其中的大拱门和南边的小拱门被封闭，只留下北边的小拱门供行人出入。为了加强其防御功能，努尔丁又在大拱门和南边小拱门之间的城门上方加盖了一座很高的宣礼塔。

20世纪60年代的时候，东门经过重新修缮，又恢复到当年的三拱门形态。今天的东门位于一条连接老城内外的交通干线上，三个拱门保存完好，中间的大拱门可供车辆通过，两侧的小拱门可供行人通行。虽然拱券上方的建筑已经不复存在，但是宣礼塔依然完整地保存了下来。此外，大门的内部还能看见两排残缺不全的廊柱，依稀可见当年罗马大门的恢宏气势。

在漫长的历史岁月中，东门经历了罗马盛世，见证了伍麦叶王朝的辉煌，幸存于阿拔斯人的兵火，在努尔丁时代经受了重大改造，最后在20世纪得到叙利亚文物工作者的修缮。历经了1800年左右的沧桑而屹立至今并仍在使用，不能不说东门是一个奇迹。

基桑门（باب كيسان, Bāb Kīsān）：原为罗马时期的萨图恩门，位于老城的东南。伍麦叶时期（7世纪）得到修缮，并由穆阿威叶（伍麦叶王朝的第一位统治者）的一位名叫"基桑"的奴隶而得名。

努尔丁时期出于城防安全的考虑，基桑门被封闭。大约在麦木鲁克时期（公元13至16世纪），基桑门得以重新启用，奥斯曼时期，基桑门得到修复。这个城门最近一次的修缮可以追溯到1925年。

东门，有着1800年左右的历史，目前是罗马三拱门和伊斯兰宣礼塔的奇妙融合

今天的基桑门面对着一条马路，马路对面是一片基督徒基地。现存的城门大约修建于麦木鲁克时期，保存得很完整。这个门的门框很小，上面装了一扇现代的玻璃门。我和廉老师造访此处的时候，推门而入，发现里面别有洞天——竟是一座很大的教堂。

这座教堂始建于1925年，是为了纪念基督教圣徒保罗而兴建的。根据《圣经》记载，保罗（也被称为扫罗）[①]曾在大马士革传播基督教，并且险遭迫害："过了好些日子，犹太人商议要杀扫罗。但他们的计谋被扫罗知道了。他们又昼夜在城门守候，要杀他。他的门徒就在夜间用筐子把他从城墙上缒下去。"[②]据说今天基桑门这个位置，就是当年保罗缒城而下的地点，这个地方也就顺理成章地修建起了圣保罗教堂。

---

① 在《圣经》中，扫罗（Saul）和保罗（Paul）为同一人，"扫罗又名保罗"，见《新约：使徒行传》13：9。

② 见《新约：使徒行传》9：23—25。

今天的基桑门已然成了圣保罗教堂的入口，门上左右两侧雕刻的圆形装饰图案中，两个偌大的字母P非常醒目，时刻诉说着圣徒保罗传播基督教的功绩。在圣保罗教堂内部，我也看到一块石板画，描绘着当年保罗在这里缒城而下的画面。近2000年前发生的事件，加上《圣经》中的记载，又有今天的基桑门和教堂为载体，实在感觉很奇妙。

基桑门及其后面的圣保罗教堂，城门开口即为教堂入口

　　明代北京城最初建立的时候有9个城门，历史上也有所谓的"九门提督"的官职。可能是某种巧合，历史上的大马士革也有过9个城门，有的是原先的罗马城门，有的承载着《圣经》里的故事，有的是典型的麦木鲁克建筑，还有的从拜占庭时期至今未曾改过名字……大马士革老城的9个城门是在近2000年的历史长河里形成的，各有各的传奇，共同承载着这座城市的历史。

基桑门后面的圣保罗教堂内部，一块石板上描绘着当年保罗在这里被缒城而下的事迹

"常胜国王"的要塞——大马士革城堡

大马士革城堡的西南角楼，以及旁边哈米迪叶市场的入口——胜利门

  初次见到大马士革城堡，是我将要穿过哈米迪叶市场去伍麦叶清真大寺的时候，看到白色石头筑成的巨大塔楼，我误以为是大马士革老城的城墙，并叹为观止。后来我才知道这是大马士革城堡的一部分，而毗邻哈米迪叶市场入口的是城堡的西南角楼。市场的这个入口通常被称作胜利门，因为这里曾经有个叫胜利门的老城城门，1863年因为修建哈米迪叶市场被拆除了。

  在叙利亚游历过很多城堡之后，我自己逐渐意识到，大马士革城堡是为数不多的一座在平地上修筑起来的城堡，而其他的城堡大都是依高处而建。当然，事实上老城范围内也的确没有可供筑堡的高地。大马士革城堡非常雄伟，可谓平地起惊雷，遗憾的是我每次从城堡的入口处经过，都看到铁门紧闭，门口的牌子上写着"修缮中，谢绝参观"。对于我这样一个痴迷于历史古迹的人来说，三过其门而不得入，实在是心里痒痒，却又无计可施。

大马士革城堡的西门，平日大门紧闭　摄影：廉超群

对于各个中东古城来说，城堡是必不可少的建筑，发挥着非常重要的城市防御功能。城堡一般建筑在高地上，有些在城墙以内或是城墙一隅，有些在城墙以外的不远处。相对于城市其他部分，城堡的防御能力更强，因此往往成为城市统治者的住所和（或）精锐部队的驻扎地点。

大马士革城堡始建于塞尔柱克王朝的1076年，当时整个中东地区战乱频繁，各国之间攻伐不断。正因为上文提到的大马士革城堡是在平地上修筑的，无险可守，加上当时逐渐出现的攻城利器——投石机，所以这个城堡从一开始就修筑得格外高大厚重，成为攻城者的梦魇。从1126到1158年，来自欧洲的十字军对大马士革进行过5次围攻，均以失败而告终，坚固的大马士革城堡发挥了不可或缺的作用。

谈起这个城堡，必然要提到历史上著名的萨拉丁，人称"常胜国王"（الملك الناصر, al-Malik al-Nāṣir）。萨拉丁是库尔德人，出生于今天伊拉克的提克里特，1174年，他以埃及国王的身份进入并开始统治大马士革，之后就住在这个城堡里，而他的生活和事业重心也逐渐从开罗转移到大马士革。看过电影《天国王朝》的朋友们对其中一个情节兴许还有印象，当提到萨拉丁时，十字军敬畏地说："住在大马士革的穆斯林国王萨拉丁，拥有20万大军……"

历史上的情节是：1187年，萨拉丁从大马士革出发，带领大军在今天巴勒斯坦一个叫赫淀（الحطين, al-Ḥiṭṭīn）的地方，对十字军取得了决定性胜利，随后一举从基督徒手中光复了圣城耶路撒冷，萨拉丁从此威名远扬。

在萨拉丁时代之后，蒙古军队曾经三度进攻大马士革。1260年和1401年，蒙古军队两次成功地攻克大马士革城堡。还有一次是在1300年，面对蒙古军队，大马士革开城门投降，但城堡内的守军坚持抵抗，蒙古军队最终未能攻破城堡并撤军，但当时的蒙古人已经非常善于使用投石机，他们对大马士革城堡造成了极大的破坏。

奥斯曼时期，这个城堡被当作军营使用，后来一度也被用作监狱。随着武器的改进和战术的更新，加上较长时间的和平环境，城堡逐渐丧失了先前的重要性。19世纪，大马士革城堡已经日渐残破，其外围曾经20米宽的壕沟也逐渐被垃圾等杂物填平。

大马士革城堡非常有名，为了一睹其真容，我和廉老师可谓煞费苦心，咨询了相关人士之后，我们甚至专门去了大马士革的古迹与博物馆管理总局。我告诉那里的工作人员，自己是中国政府派出的硕士研究生，留学于大马士革大学，目前正在准备关于叙利亚历史古迹的论文，希望能够参观大马士革城堡云云。我们的情真意切，打动了管理总局的工作人员，他们居然真的给我们开了参观城堡的介绍信。

曾经多次从堡墙下经过，这次终于凭着介绍信得以进入，我和廉老师还是非常兴奋的。进去之后，我们先登高转了一圈，发现此处是欣赏大马士革景色的绝佳地点。站在角楼上，居高临下的视野很好，哈米迪叶市场的铁制穹顶完全展现在眼前，居然可以平视雄伟的伍麦叶清真寺，大马士革老城和新城的景色也一览无余。

站在西南角楼的顶上俯瞰，感叹城堡之高大，还可见下方萨拉丁的雕像

城堡西门

在城堡的南侧塔楼上，锈迹斑斑的铁皮即是哈米迪叶市场的穹顶，通向远处的伍麦叶清真大寺

现存的大马士革城堡，其外形是一个不规则的矩形，长220米，宽160米，有东、西、北3个大门和12个大小不一的方形塔楼。有些塔楼高出城堡外墙很多，尤以四个角楼最为宏伟。城堡内部曾经有清真寺、宫殿、市场、浴室、仓库等建筑，是一个不折不扣的"城中之城"。

目前，城堡得到了局部修复，但主要在外观，其内部还是残破不堪的。塔楼高三层，最上面是带垛口的平台，每一层都有多个射箭口，墙体很厚，内部有不少房间，有的房间很大，明显是用来做兵营或仓库的。由于楼梯很陡，且没有任何照明设施，我们在很多地方只能摸黑上下，通过时居然还有些心惊肉跳，想想这里曾做过很多年的监狱，确实有种阴森的感觉。

堡墙高两层，整个外围防御的底层由通道串联起来。在北部墙体的最下方，我们还看到了一条暗河，是拜拉达河的一条叫作巴尼亚斯（بانياس，Bāniyās）的支流，估计是当年城堡的主要水源。12个塔楼中，除了少数

47

几个基本修复外，其他的都残破不堪，有的仅剩下地基，有的顶部已经不复存在，剩下的几个保存相对较好的塔楼顶部的垛墙和垛口也已残缺不全了。

城堡内部的庭院

随后我和廉老师进入城堡的内部，里面是一个近似长方形的庭院，面积很大，看得出内部原来有很多建筑物，但是大多数已经损毁，遍地是颓垣断柱，庭院内部的考古发掘工作显然正在进行之中。

1946年叙利亚独立后，城堡被作为军营和监狱使用。直到1986年，考古发掘和古迹修缮工作才陆续展开，法、意等国的考古工作者也来到这里开展工作。城堡的部分外围建筑得到恢复，成为大马士革一道亮丽的街景。叙利亚文物部门的目标是完成部分考古发掘和阶段性的修缮工作后，将大马士革城堡改造成军事博物馆，并使其成为举办各种文化活动的场所。

这么多年过去了，其间受到诸多因素的影响，也包括叙利亚内战，大马士革城堡始终未能完成改造变为军事博物馆。之前看到过一个令人欣喜的消息：2019年夏天，一位来自伊拉克的帅气男歌手在大马士革城堡举办了一场个人演唱会，叙利亚当地的众多粉丝前去捧场。看来，城堡逐渐焕发了生机。

在大马士革城堡的历史中，还有一件值得一提的事情：作为防御设施，这个城堡最后一次发挥军事作用是在1925年。当时叙利亚爆发了反对法国委任统治（其实就是某种形式的殖民统治）的民族大起义，叙利亚起义部队占领了城堡，并将其作为一个据点。后来法军出动了飞机和大炮，对城堡内的起义军进行了轰炸，大起义也被残酷镇压了下去。

这不禁让我想起了中国的长城。明代长城最初修建的目的是抵御蒙古军队的进攻，而大马士革城堡也的确抵抗过蒙古西征，虽然两次不幸陷落。对比1925年的叙利亚民族大起义，万里长城到了抗日战争时期，也还为抵抗日本侵略做出过贡献。冷兵器时代的防御工事在近现代也还能发挥余热，让人不由得有些感动。

在城堡内部，我们还看到了一处当年宫殿的遗址。四根柱子支撑起大厅，上方的穹顶早已坍塌，此处可能就是"常胜国王"——萨拉丁当年接见使者和处理政务的地方。

萨拉丁非常喜欢大马士革，并把这里作为艾优卜王朝的第二首都，他从1182年开始长期定居在这里，之后再也没有返回开罗。公元1193年，萨拉丁病逝于大马士革城堡，他先是被临时安葬在城堡内部，后来待伍麦叶清真大寺旁边的墓室完工后便被移葬过去。

后世对萨拉丁的评价是：公正、慷慨、仁慈、睿智和勇武。而且难得的是，不论是敌是友，普遍对他评价颇高。他死后的数百年以来，很多的穆斯林统治者都以萨拉丁再世自居，其中也包括他的"老乡"，伊拉克前总统萨达姆。

在叙利亚，有好几个城堡都被当地人叫作"萨拉丁城堡"，但事实上，只有这篇文章讲述的大马士革城堡，才是萨拉丁本人长期生活过的地方。直到今日，西侧堡墙的下方，还屹立着后人制作的萨拉丁雕塑——"常胜国王"在他钟爱的大马士革城堡前跃马扬威。

城堡下的萨拉丁跃马扬威的雕塑，是1993年为纪念其在此逝世800周年而塑造的　摄影：廉超群

最美的市场——汗-艾斯阿德帕夏

第一次造访汗-艾斯阿德帕夏（خان أسعد باشا, Khān 'As'ad Bāshā），完全是一场邂逅。

大约是2004年11月一天的午后，我和廉老师在老城里一个叫炒货市场（سوق البزورية, Sūq al-Buzūrīyah）的地方闲逛，那是个带有顶棚的古商业区，主要卖干果、香料等商品。在昏暗的光线里，我们突然发现了路边一个装饰极为精美的古建筑大门：最下面是两扇铁门，往上是钟乳石状的雕刻装饰和扇贝形壁龛，最上面是三个叠加的拱券，用黑白相间的石头拼出美丽的装饰图案。

大门旁边的牌子上写着"汗-艾斯阿德帕夏，1749年"，这个地方显然没有开放，但柔和的光线从虚掩的大铁门的缝隙中透出来，非常诱人。在好奇心的驱使下，我们略微推了下大门，从门缝蹑手蹑脚地走了进去。

好似阿里巴巴进入了四十大盗用来藏宝的山洞，眼前的场景令人炫目。这座古建筑的墙体、拱券、柱子和穹顶内侧全部用黑白相间的石头砌成，构成强烈的色彩对比，加之众多拱券的重叠和透视效果，让人感觉进入了一个黑白的迷幻世界。这一次的不请自入，让我和廉老师记住了这个大马士革最美的市场。

汗-艾斯阿德帕夏就是艾斯阿德帕夏市场的意思。"汗"（خان, Khān）这个词来自波斯文，一般翻译作市场，但是在这里除了商品交易，还有一个重要的功能是为客商提供住宿和存储货物，因此中文翻译成"客栈"或许更为准确。这个市场的修建者艾斯阿德帕夏·阿兹姆是当时奥斯曼帝国大马士革行省的省长，帕夏则是他的封号。

阿拉伯世界里有很多的"汗"，去过埃及开罗的中国游客，大都游览过的著名的"汗-哈里里"（哈里里市场）就是其中著名的涉外旅游市场。在奥斯曼时期，大马士革也出现了很多大市场，多数集中在老城西北部，其中面积比较大而且保存至今的有丝绸市场（خان الحرير, Khān al-Ḥarīr, 建于1572年）、油市（خان الزيت, Khān al-Zait, 建于1602年）、苏莱曼帕夏市场（خان سليمان باشا, Khān Sulaimān Bāshā, 建于1732年）。不过毫无疑问的是，其中最有名的当数艾斯阿德帕夏市场。

汗-艾斯阿德帕夏修建于1749年，属于奥斯曼帝国中后期的建筑。当时大马士革的商业非常繁荣，一方面是因为这里交通便利，统一而庞大的奥斯曼帝国带来了巨大的国内市场，另一方面，大马士革在当时是穆斯林赴麦加朝觐路上重要的驿站。由于可能要历经数月的艰苦旅行才能到达麦加，因此成千上万的朝觐者需要在大马士革补充大量的物资，而与此同时，很多朝觐者本身也是商人，宗教和商业活动是可以有机统一的。

整个市场外部呈正方形，内部分为两层：下层有一个内部广场，四周都是房间，中间是一个带喷泉的水池；上层有一个环绕着内部广场的过道，其四周都是房间（据说共有44个）。水池的正上方是一个巨大的圆形天井（据说以前是有穹顶的），市场内部有四根大柱子，支撑起天井四周紧密排列的8个穹顶。

看得出来，此时的古市场即将迎来一场美术展，许多画板和雕塑正准备放置到展位上，还能看到一些工人和艺术家在忙于布置。由于无人值守，在安静地欣赏了一会儿市场的迷幻气质之后，我们从二楼径直走上了古建筑的房顶，感觉豁然开朗：8个白色穹顶的外侧，显然经过了修缮，整饬一新。往北看，在叙利亚让人陶醉的蓝色天空下，伍麦叶清真大寺的庞大身躯以另一种姿态展现在我们眼前……

最初，汗-艾斯阿德帕夏的所有权属于其修建者——大马士革的省长艾斯阿德，在后来的岁月里，该市场的所有权几易其手，先后属于几位大商人。阿拉伯叙利亚共和国时期，文物部门接管了这个市场，并将其改造为一个旅游商品市场和展览馆。

初见汗—艾斯阿德帕夏的大门，在市场内昏黄的光线下显得有些神秘

上方是一个穹顶，下方是市场的大门，当时这里正在举办一个画展

建筑内部的拱券，给人带来美轮美奂的视觉冲击

偷偷爬到市场的房顶上，我们拍摄到8个穹顶的外观

　　这次邂逅让我永远记住了汗-艾斯阿德帕夏。大约过了10天以后，我和三位友人再次回到古市场，专程为了参观美术展。

　　展品主要是绘画和雕塑，涉及的题材多种多样：城市街景、自然风光、宗教题材、阿拉伯文书法等。在欣赏展品的同时，我和朋友们再一次为艾斯阿德帕夏市场的美丽所折服。不得不说，这里虽然是一个市场，但其建筑本身就是一个近乎完美的艺术品，也的确非常适合用作艺术展览馆。

　　建立这个市场的初衷既是促进本地商业的发展，也是向来自世界各地的朝觐者和商贾宣扬大马士革省长的功绩，因此艾斯阿德帕夏悉心选择了他认为当时最完美的设计方案。阿拉伯人历来重视商业，这也是为何阿拉伯世界的很多市场都成为当地古建筑代表作的原因。遥想当年，市场一层的广场是经商场所，众人围绕中央喷泉水池交易着来自世界各地的商品，市场内众多的房间则各有用途：下层的房间主要用作库房，上层的房间大都是商贾们住宿或办公的地方。

　　市场落成之初，听到人们对这座精妙建筑发出赞叹之声时，艾斯阿德帕夏或许正在二楼凭栏俯瞰，嘴角边露出得意的微笑。他主持建造的汗-艾斯阿德帕夏，至今仍然是大马士革古城里最美的市场。

时代之光——大马士革的古医院和古学校

大马士革的古医院和古学校是历史上穆斯林重视科学和教育的象征，从古建筑的角度上讲，也是这座城市极具特色的文化遗产。

努里比马利斯坦的大门，门楣上方可见明显的西方建筑元素，不知是不是最初的设计，最上方的红色穹顶呈金字塔型阶梯状，镶嵌着可以透光的玻璃球

老城里最有名的古医院当属努里比马利斯坦（البيمارستان النوري, al-Bīmāristān al-Nūrī）。至今还记得，我和廉老师第一次看到这个位于伍麦叶清真大寺西南方向的建筑时，我们都感觉有些诧异：其大门看起来非常醒目，门楣的正上方有一个希腊式的小屋顶——这种风格是我在大马士革其他伊斯兰古建筑上没有见到过的，再往上是一片很大的木格尔奈斯（المقرنصات, al-Muqarnaṣāt, 钟乳石状壁龛），大门最上方有一个体积不大但颜色鲜艳的红色穹顶，其顶端是半球形，主体呈阶梯式金字塔状，整个穹顶上镶嵌了很多可以用来透光的灯泡状的玻璃，像极了古代中东地区澡堂的房顶。大门旁边的牌子上分别写着"阿拉伯医学和科学博物馆"，以及"努里比马利斯坦"，后来我才知道，这种有些四不像的风格，正是塞尔柱克王朝努尔丁时期建筑的典型特征。

比马利斯坦这个词源自波斯文，"比马利"意即"病人"，"斯坦"意即"家"，合起来就是医院的意思。阿拉伯人的比马利斯坦有多种用途，既能治疗身体疾病，又能治疗精神疾病，而且还兼具研究医学和培养医生的功能。

努里比马利斯坦是著名统治者努尔丁于1154年建立的（"努里"意即"努尔丁的"），是大马士革现存最有名的比马利斯坦，也是老城内最重要的历史古迹之一。关于其创立，有这样一个传说：筹划修建比马利斯坦的时候，经费不够，努尔丁的穆斯林军队恰好俘获了一位十字军国王，努尔丁以这位国王向十字军换取了一大笔赎金，然后建造了今天的比马利斯坦。

关于这笔赎金，有记载说是30万第纳尔（阿拉伯金币），这在当时可谓一笔巨款。看来努尔丁也是非常讲究仪式感的——这座医院必须修成当时有代表性的杰出建筑，要足够漂亮。关于门楣上的那个三角形的希腊式建筑，我一直百思不得其解，后来知道了十字军国王的赎金这个故事之后，便胡乱猜测这或许是努尔丁为了记录这所建筑的资金来源，出于感谢抑或是揶揄十字军国王的意图，故意加上了这一西方建筑的元素。

据记载，这个新的建筑落成时，前去视察的努尔丁说，它是属于全体穆斯林的，的确，努里比马利斯坦之后主要为穷苦百姓提供医疗救治，而不是专为富人服务。努里比马利斯坦有内科、外科、眼科和精神科等不同的专科。除了救死扶伤，还为医学和药学的研究提供了各种便利条件。努里比马利斯坦逐渐变成当时穆斯林世界医院中的一颗明珠，每年都有大量的医生和学者从各地前往这里从事研究，在大马士革出生的伊本·纳菲斯（ابن النفيس, 'Ibun al-Nafīs）就是这里培养出的著名科学家。

在漫长的岁月里，努里比马利斯坦的功能也发生过多次变化，它曾经成为一座疯人院，在奥斯曼帝国的末期，它也曾做过女子学校和商业学校。阿拉伯叙利亚共和国成立之后，政府将其改造为阿拉伯医学和科学博物馆。

我和廉老师参观努里比马利斯坦的时候正是冬天，天气阴冷，天空中飘着一阵阵细碎的小雨。进入大门之后，我们能看到一个不小的庭院，正中是一个方形的喷泉，围绕着庭院的是一片古建筑，已经改造成博物馆。

在叙利亚，我看到了太多这样的建筑：四面的墙和房屋在其中央围出一个密闭的方形院子，正中往往有一个水池或喷泉，我本人更愿意把这种建筑叫作"阿拉伯的四合院"。

博物馆里鲜有游客，我们看到了好几组塑像，其中一处在巨大的拱形壁龛下，重现了古代阿拉伯医生向弟子们传授医学知识的场景，另外一处在室内，是阿拉伯医生进行外科手术的场景。值得一提的是，当时阿拉伯医生已经在外科手术前给病人使用麻醉剂，另一方面，当时已经开始采用音乐来治疗精神疾病。在博物馆的展柜里，有当年医生做手术用的器具和各种阿拉伯草药的标本，还有从事科学活动所用的器皿和工具。

阿拉伯医学曾经非常发达，欧洲近代医学（尤其是外科手术知识）很多受到阿拉伯医学知识的启发，并在其基础之上发展起来。阿拉伯古代医学和我国的中医也有很多相似之处，比如各种草药的甄别和使用。中世纪的"黑暗时代"，大马士革已经诞生了努里比马利斯坦，它不仅是治病救人的重要场所，也代表了当时穆斯林社会的人文关怀和对知识的不懈追求。

努里比马利斯坦的内部庭院和方形水池，背景是巨大的拱形 "الايوان, al-'Īwān"——大致可译为 "壁龛状拱形建筑"

说完了古医院，也简单聊一聊古学校。

古学校（阿拉伯语中的مدرسة，Madrasah，中文音译为"迈德赖赛"）[①]的产生相对较晚，它实际上是一种以宗教教育为主的高等学府。大马士革是伊斯兰世界里最早出现古学校的城市之一，这里的古学校诞生于11世纪末，自此宗教教育开始走上职业化和正规化道路。随着古学校的不断增加，大马士革逐渐成为伊斯兰世界的宗教和文化中心，也吸引了众多来自各地的学者和学生，其中有些人甚至来自遥远的安达卢西亚[②]。

大马士革的这些古学校中，比较著名且保存至今的有大努里学校（المدرسة النورية الكبرى，al-Madrasah al-Nūrīyah al-Kubrā）、大阿迪利叶学校（المدرسة العادلية الكبرى，al-Madrasah al-'Ādilīyah al-Kubrā）[③]、扎西利叶学校和贾格麦格学校[④]等。

不仅是古医院，古学校也很重视仪式感。当时大马士革的穆斯林统治者出于尊师重道，当然也有可能是附庸风雅，往往要在自己当政期间倾力打造一座杰出的建筑作为学校，不仅要冠以自己的名字以此为荣，甚至不少人去世后就直接葬在学校里面——这个传统和习俗与古代中国还是很不一样的。

我去过的古学校里，印象最深的是扎西利叶学校。

这所学校建于麦木鲁克时代初期的13世纪，位于老城里一个叫扎希尔国王的小巷里（زقاق الملك الظاهر，Zuqāq al-Malik al-Ẓāhir）。学校的修建者素丹拜伯尔斯（بيبرس，Baybars）被称为"胜利的国王"，是麦木鲁克王朝最有名的素丹之一，他曾在1260年指挥埃及的麦木鲁克军队，在一个叫作艾因扎卢特（عين جالوت，'Ayin Jālūt）[⑤]的地方击败了当时几乎无人能敌的蒙古军队，从而保护了埃及不受侵略，并将蒙古军队驱逐出叙利亚地区。此外，他还对十字军取得了一系列重要的胜利，因此被尊为"宗教的支柱"（ركن الدين，Ruknu al-Dīn），也是伊斯兰教历史上著名的英雄之一，拜伯尔斯死后就葬在扎西利叶学校。

---

① 这个"迈德赖赛"，在现代阿拉伯语里通常是小学、中学的意思。

② 阿拉伯语中的安达卢西亚，指的是今天伊比利亚半岛的大部，阿拉伯人曾在此生活过近八百年的时间。

③ 修建于艾优卜王朝时期，今天是叙利亚阿拉伯语语言学会。

④ 修建于麦木鲁克中后期（1419年），1974之后成为叙利亚的阿拉伯书法博物馆。

⑤ 这个地方位于今天耶路撒冷以北不远处。

扎西利叶学校的大门，带有浓郁的麦木鲁克建筑风格

扎西利叶学校是一个典型的阿拉伯"四合院"，内部庭院中间有一个近似于圆形的水池。其核心部分是位于"四合院"一角的一个大厅，上方有一个巨大的穹顶，穹顶下方便是素丹拜伯尔斯的墓——我看到的时候这个墓还略显简陋，据说本书写作时已经罩上了一个精美的棺椁。大厅里还有指示方向的壁龛，便于做礼拜，墙壁上尚且保留当年用于室内装饰的马赛克画。

　　今天的扎西利叶学校被改造为叙利亚国家藏书馆，内有不少古籍和手稿，我认为这和努里比马利斯坦改造为医学和科学博物馆一样，都是古迹今用的合理范例。这个学校在我脑海中印象最深的是其大门——使用绚丽的彩色条石和复杂的阿拉伯语铭文做装饰，上有钟乳石状雕刻，最上面是半圆形的贝壳雕塑。虽然这些都是麦木鲁克建筑的典型风格，但这个大门十分和谐美观，令人经久难忘。

　　这些古医院和古学校，不仅建筑精美，而且在历史上发挥了传播科学和文化的重要作用，可以说做到了内在和外在的高度统一，不愧为大马士革的时代之光。

扎西利叶学校内部大名鼎鼎的素丹拜伯尔斯墓，这处墓地当年还是很朴素的，据说后来进行了整修

大阿迪利叶学校的大门，表现出典型的艾优卜王朝建筑特色

绚丽回忆——大马士革古宅

2005年6月8号，是我在叙利亚的留学生涯的最后一天，当天晚上我即将乘飞机离开大马士革回国。怀着依依不舍的心情，当天上午我独自一人出门，准备再次去老城里逛逛，正在收拾行李的廉老师问我意欲何往，答曰："阿兹姆宫。"

在奥斯曼时期，大马士革的富人在老城内修建了很多豪华的私人住宅，这些豪宅普遍以石头为建筑材料，而且往往使用彩色条石作为装饰，其内部庭院里有喷泉，房屋天花板上常常能看到精美的木雕。我那天去的阿兹姆宫（قصر العظم, Qaṣr al-'Aẓm），就是老城里最著名的古宅。

"阿兹姆"（العظم, al-'Aẓm）是一个姓，字面意思是"骨头"。阿兹姆宫是时任大马士革的省长艾斯阿德帕夏·阿兹姆修建的省长官邸，始建于公元1749年，用了近三年的时间才完工。我们上文提到的汗-艾斯阿德帕夏，也是这位省长修建的，只不过市场是公共设施，以其名字命名，而阿兹姆宫作为家族财产，则以其姓氏命名。

阿兹姆家族是奥斯曼时期大马士革地方贵族势力的代表，在叙利亚近代史上曾经显赫一时，这个家族兴起于叙利亚北部的麦阿赖特·努耳曼（معرّة النعمان, Ma'arrat al-Nu'mān），并且在哈马和的黎波里很有势力。1725年，该家族的易司马仪帕夏·阿兹姆（اسماعيل باشا العظم, 'Ismā'īl Bāshā al-'Aẓm）成为大马士革省长，开创了阿兹姆家族对这个城市的长期统治。从1725年到1808年，阿兹姆家族的成员先后9次当上大马士革省长，在位时间长达几十年。

作为家族的私产，阿兹姆宫体现了18世纪叙利亚地区住宅建筑的最高水平，而阿兹姆家族的后人也一直住在这座老宅里。1951年，叙利亚政府将这座古宅从阿兹姆家族手中购得，随后进行了系统的修缮。1954年，阿兹姆宫被改造为民俗博物馆并向公众开放。

柱廊的一角及喷泉。这里能看到很多当地的女游客，或许因为女性大都是爱家庭的，而阿兹姆宫是理想的古典宅院

　　在我看来，阿兹姆宫作为当时的省长官邸，有些类似于北京的恭王府，两处古宅都建于18世纪，但就总体布局而言，中国的古宅大都是整齐对称的（后花园部分除外），而大马士革的古宅却没有这样的讲究。从外形轮廓上看，阿兹姆宫是一个不规则的建筑，给人的感觉甚至有些凌乱，但在另一方面，这一点恰恰又符合伊斯兰古城整体上的建筑风格。

　　根据功能，阿兹姆宫主要分为三个区，从西到东依次是：访客区（السلاملك, al-Salāmlak）、家庭区（الحرملك, al-Ḥaramlak）以及佣人区（الخدملك, al-Khadamlak）。据说最初进入大门后，必须先经过访客区才能到达其他两个区域。在改造成叙利亚民俗博物馆之后，阿兹姆宫的众多房间被重新规划，形成了叙利亚古代乐器、服装、武器、家具等不同题材的展室。让我印象最深的是，这里居然还有个阿拉伯传统皮影戏的展馆，这也是我第一次知道中东竟也有这种传统艺术。

顺便说一句，若干年后的一天晚上，我独自一人在西安鼓楼附近的小剧场里看了一场陕西传统皮影戏，其间一度竟然有些恍惚，想起了远在大马士革的阿兹姆宫……

阿拉伯人原本是沙漠民族，对水和绿植有着天然的喜爱。叙利亚古宅里，内部庭院、水池和绿植也是必不可少的。阿兹姆宫内部有好几个庭院，全部用彩色大理石铺地，每个庭院里都有水池，也种了不少橘子树和柠檬树等绿植。这个古宅最大的庭院在家庭区，我可以想象出当年的情景：闲暇时光中，大人们坐在树下聊天，孩子们则围绕着水池追逐嬉戏。

家庭区的庭院，内部有一个多边形的喷泉水池

这座古宅将叙利亚地区住宅建筑的各个要素都发挥到极致：造型别致的喷泉、镶嵌着贝壳粉的精美家具、类似于中国古代藻井的精致木雕屋顶等，但是给我印象最深的还是阿兹姆宫的色彩。

谈到色彩，就得说到彩色条石（الحجر الأبلق, al-Ḥajar al-'Ablaq），

这是一种叙利亚、埃及等地特有的建筑艺术，用天然的彩色石料来修建房屋，通过色彩的搭配形成各种不同的装饰氛围。阿兹姆宫的色彩主要有两种搭配：少数地方用红、白、黑，多数地方用黄、白、黑。其彩色条石的使用，是我见过的所有叙利亚古宅里最漂亮的，也是这类装饰的巅峰。作为比较，艾斯阿德帕夏修建的另一座艺术品——艾斯阿德帕夏市场则是黑、白两种色调，显得庄重而神秘。事实上，我觉得阿兹姆宫的色彩搭配恰到好处，既活泼而又不失高雅，给人一种温馨的家的感觉。

阿兹姆宫的彩色条石，给人一种温馨的家的感觉

直到今天，在大马士革老城里还能看到很多风格各异的古宅，有些仍然有居民居住，有些已经被改为餐厅或咖啡馆，还有一些则变为学校、博物馆等机构。我曾去过一个被改造成大马士革历史博物馆的古宅，风格和阿兹姆宫接近，虽鲜有人光顾，但非常漂亮，保存得也很不错，至今我还记得，其中的一个房间里有迷宫一般独特造型的室内水池。

此外，还有一个令我印象深刻的大马士革古宅，其实是一个有人居住的民宅，我是偶然进入的，至今也叫不上名字。有一天，我和廉老师在老城里闲逛，一位刚出家门，衣着体面的老先生看到我俩对着各种建筑拍照，便邀请我们去他家里做客，我和廉老师欣然接受了。

　　进屋后，老先生自豪地向我们展示他家的古宅。虽然没有阿兹姆宫的规模，但这个宅院也维护得相当不错，庭院、水池、木屋顶、彩色条石（虽然有些地方能看出来用油漆刷过，而非天然石材）等一应俱全。让人印象最深的是，老先生带我们走到一面墙壁前，指着挂在上面的两幅照片说："你们看，下面的照片是我自己，这上面照片里的是我的亲哥哥，他在1967年和以色列的战争中牺牲了。"老先生顿了一下，提高了嗓门，有些激动地说："我们全家永远也不会忘记他。"

　　不管多漂亮的古宅，初衷都是给人居住。大马士革古宅的绚丽色彩，和那些鲜活的人物故事结合在一起，深深地融入了我的回忆。

大马士革历史博物馆里的一个客厅，陈列着叙利亚的传统家具

大马士革历史博物馆里的古代木质屋顶，有点类似于中国传统的藻井

大马士革历史博物馆的庭院

摄影：廉超群

十字高悬——大马士革老城的教堂

大马士革古叙利亚东正教圣乔治教堂

在大马士革老城东北部的基督区，矗立着很多教堂，这些教堂的建筑都非常精美，而且风格多样、形态各异。虽然叙利亚是以穆斯林为主体的国家，但是全国还有约10%的基督教人口，而且其中有很多居住在大马士革。我当年是一个好奇心很强的青年，对这些教堂很感兴趣，也曾经去过托马斯门、东门一带好多次，主要就是探访那边的各种基督教建筑。

中东是人类文明史上的一个神奇的地方，犹太教、基督教和伊斯兰教这三大宗教都诞生在这里，而大马士革老城从传统上讲，有穆斯林区、基督区和犹太区正是这种特征的鲜活体现。前文曾经提到，犹太区如今已经消失殆尽了，但是基督区依然充满活力。

基督教在大马士革有近2000年的漫长历史。大马士革老城的教堂历史久远，而且隶属于不同的教派，比如罗马东正教、罗马天主教、亚美尼亚天主教等。这些教派有些是土生土长的，比如古叙利亚东正教，也有受到西方近代影响逐渐形成的，比如罗马天主教，还有外来移民聚集后兴起的，比如亚美尼亚东正教。老城的基督区虽然面积不大，但是教派林立，也是其中的一大特色。

和叙利亚的伊斯兰宗教建筑一样，大马士革老城内的教堂大都对外开放，通常，我和廉老师只要看到这些建筑开着门，就二话不说直接进去参观。现在回想起来，在我们去过的大马士革教堂里，现存最古老的，应该就是哈拿尼亚教堂了。

哈拿尼亚（حنانيا, Ḥanāniyā）是一位门徒，后来成了一位基督教圣徒。作为一位在大马士革土生土长的犹太居民，哈拿尼亚在《圣经》中被屡次提及（英文中的"Ananias"，中文版《圣经》中的"亚拿尼亚"），譬如"当下，在大马士革有一个门徒，名叫亚拿尼亚。主在异象中对他说：'亚拿尼亚。'他说：'主，我在这里。'主对他说：'起来！往直街去，在犹大的家里，访问一个大数人，名叫扫罗，他正祷告；'[①]，又如"我因那光的荣耀不能

---

① "扫罗"即"圣徒保罗"，在前面的《大马士革的城墙与城门》一章中曾经提过，罗马时代的"直街"一直保存至今。

看见，同行的人就拉着我手进了大马士革。那里有一个人，名叫亚拿尼亚，按着律法是虔诚人，为一切住在那里的犹太人所称赞。"[①]

因为传播基督教信仰，哈拿尼亚遭到当时的罗马统治者的逮捕，后来在大马士革城外被处以石刑（用石头砸死的酷刑，现在有些伊斯兰教国家还在实施）。哈拿尼亚死后，他生前的住所逐渐被改造成了一个基督教堂，后来演变为今天的哈拿尼亚教堂。

当时，我和廉老师从大马士革老城的东门出发，沿着一条小路往北走了约200米，就到达了哈拿尼亚教堂。教堂分为地上和地下两部分，我们经过21级台阶，到达地下部分——也是整个建筑的核心，即当年哈拿尼亚在大马士革曾经的住宅，现在是一个小型的祈祷室。经过近2000年的风霜，圣徒的家依然保存完好，实在是一个奇迹。至于为什么在地下，有一种说法是：当时信奉多神教的罗马统治者对基督徒抓捕甚紧，哈拿尼亚等人只好住在地下室里传播新宗教，成了名副其实的"地下工作者"。

在大马士革老城，和哈拿尼亚教堂齐名的是圣玛利亚教堂，这个教堂属于罗马东正教派，位于直街的旁边，大致始建于4世纪末期，是老城现存最大的教堂，也是大马士革最古老的教堂之一。关于圣玛利亚教堂，有一段比较特殊的历史：阿拉伯人占领大马士革之后，曾经征用了这个教堂（据说是因为这片街区一开始拒绝投降，因而教堂后来未能得到保护），而保留了老城内最大的圣约翰大教堂。706年，因为要拆除圣约翰大教堂改建伍麦叶清真寺，作为补偿，阿拉伯统治者就把圣玛利亚教堂还给了基督徒。

此外，我个人认为也很值得一提的是亚美尼亚教堂。大马士革的亚美尼亚人分为东正教和天主教两个教派。关于亚美尼亚基督徒的来历，据说是20世纪20年代，上万亚美尼亚人逃难到大马士革并定居下来，他们最初就聚居在老城城墙以外靠近东门的一个区域，这些难民带来了自己的宗教，并随后建立了教堂。

---

① 见《新约：使徒行传》9：10—11以及22：11—12。

哈拿尼亚教堂的地下祈祷室，也是圣徒哈拿尼亚当时的家

我和廉老师参观过亚美尼亚东正教和天主教的教堂，印象很深的是：两个教堂都在非常显著的地方竖立了纪念碑，用以纪念1915年4月24日，也就是他们认为遭到"屠杀"开始之日。每个民族都有自己难以忘记的历史回忆，这不禁让我想起电影《辛德勒的名单》，大概亚美尼亚人也永远不会忘记这个日子。

大马士革老城东门旁边的亚美尼亚东正教教堂

　　谈到教堂，我不禁想起2004年的圣诞节。那年的平安夜，我和廉老师来到老城的基督区，信步走进了一座罗马天主教教堂（后来知道这个教堂俗称"橄榄教堂"）。我们坐在教堂后排的长椅上，目睹了众基督徒唱诗和领取圣餐的庄严场景，令人难忘。第二天圣诞节的晚上，我们几位一起留学的朋友和一位叫"丽娜"（لينا, Līnā）的女同学及其家人相约去繁华的基督徒商业区逛街。丽娜出生在一个穆斯林家庭，家住大马士革东郊的杜马镇，当时是大马士革大学哲学系的学生。还记得那天晚上，丽娜的爸爸、妈妈和年幼的弟弟也都出来和我们一起游玩，丽娜还给她的弟弟买了圣诞老人红白相间的帽子戴上，大家都很开心。

丽娜曾经说过，她一辈子从没有进入过基督教堂，这大概是她伊斯兰教信仰的缘故，但是我发现，丽娜全家人并没有对基督教表现出排斥，而是怀着足够包容的心态。我和几位朋友之前曾去丽娜的家里做客，我还注意到，她的嫂子就叫作"玛利亚"（مريم, Maryam）。

十字高悬，大马士革竖立着十字的教堂钟楼和高耸的清真寺宣礼塔并存。最让我印象深刻的是，叙利亚基督教和伊斯兰教的包容和融合，希望这种和谐能长期持续下去。借用一句基督徒和穆斯林都会引用的话结束本章：The God is love（الله محبة, Allah Maḥabbah）。[1]

大马士革罗马天主教之"橄榄教堂"，我和廉老师在这里度过了2004年的平安夜

---

[1] 基督教和伊斯兰教都属于世界三大一神教，这句话在汉语中，对于基督徒通常翻译成"上帝即爱"，而对于穆斯林则通常翻译成"真主即爱"。

大马士革古叙利亚东正教圣乔治教堂的礼拜室内部

各具特色的大马士革古墓

提起古墓，可能多少有一点恐怖的意味，但这毕竟是重要的人类文化遗产。想来这些年，我自己也去过不少古墓，国内的譬如陕西秦汉唐陵、河南宋陵、北京明陵、河北清陵，国外的譬如埃及金字塔——亦钻进去过两次。我始终无法忘记在大马士革去过的那些古墓，它们虽然谈不上规模宏大，但都富含历史文化韵味，是大马士革古迹的重要组成部分，各具价值和特色。

本篇我们来聊聊大马士革几处有代表性的古墓。

萨拉丁墓的红色穹顶

先说萨拉丁墓（مقام صلاح الدين الأيوبي，Maqām Ṣalāḥ al-Dīn al-'Ayyūbī），这是大马士革帝王墓的典型代表。

前文在讲大马士革城堡的时候，多次提到萨拉丁这位"常胜国王"。

萨拉丁墓的前身是阿齐齐叶学校（المدرسة العزيزية, al-Madrasah al-‘Azīzīyah），这个学校是萨拉丁的儿子，号称"敬爱的国王"（الملك العزيز, al-Malik al-‘Azīz）的奥斯曼于公元1195年修建的。学校建好后，萨拉丁的棺椁就从大马士革城堡迁到这里，如今除了墓室和庭院，学校建筑的其他部分都不存在了。

萨拉丁墓位于伍麦叶清真大寺以北约100米处。从远处看，这处建筑最醒目的部分就是其红色的半球形穹顶，配上下面白色的石头建筑，呈现出典型的艾优卜王朝的建筑风格。

进入萨拉丁墓的大门，映入眼帘的是一个庭院，中间有一个圆形的水池，然后就是萨拉丁墓的主体建筑——墓室。墓室的面积很小，其内部墙壁用红、白、黑三色的彩色条石砌成。我当时进去的时候，整个墓室里弥散着绿色的灯光，萨拉丁的棺椁下面呈长方形，上方呈三角形并覆盖着绿色的锦缎。棺椁的上面放着一块牌子，上面写着"此处是艾优卜家族的萨拉丁素丹之墓"。

这个墓的面积并不大，但除了最重要的萨拉丁棺椁，在不同的历史时期，还有一些其他人物也葬在这里。在墓室里和萨拉丁棺椁并排的，有一个空的白色大理石棺，这是19世纪末德皇威廉二世访问大马士革时赠送的礼物，当时的德国作为新兴的工业强国，也希望在亚非等地扩张自己的势力。此外，外面的庭院里还有三位1914年去世的奥斯曼土耳其帝国军人的墓，据说都是飞行员，彼时叙利亚还隶属于奥斯曼帝国，虽然距离其瓦解也只有几年时间了。

2004年我去那里探访的时候，墓室里只有萨拉丁墓和德皇赠予的石棺，后来在2013年，墓室里又增加了穆罕默德·布推先生（محمد سعيد رمضان البوطي, Muḥammad Sa‘īd Ramaḍān al-Būṭī）的棺椁。布推先生是叙利亚著名的宗教学者，说来也巧，我在2004年去逛大马士革书展的时候，还曾买过一本他写的书。2011年叙利亚内战开始后，他先后发表了一系列亲政府的言论。2013年，布推先生在大马士革一个清真寺讲学的时候，被叙反对派武装分子用炸弹炸死了，当时还有40多人一同罹难，叙政府之后将其厚葬在萨拉丁墓的内部，以示尊敬。

萨拉丁就葬在这里

我想，现在连萨拉丁墓也抹上了叙利亚内战的悲情色彩，让人着实哀伤。

然后再来说说鲁盖叶清真寺（جامع السيدة رقية，Jāmiʻ al-Sayyidah Ruqayiyah），这是大马士革伊斯兰教什叶派圣墓的典型代表。

其实这个清真寺是我和廉老师偶然发现的。有一次我们游览完伍麦叶清真大寺，出北门走出去没多远，便在一条狭窄街巷里发现了这个刚修缮一新的建筑，让我们顿时有种发现新大陆的感觉。从外面看，整个建筑最醒目的是穹顶和宣礼塔，装饰以几何图案的白色大穹顶是典型的波斯风格，给人赏心悦目的清新感觉，而高耸的白色宣礼塔又是麦木鲁克风格的现代演绎。

鲁盖叶清真寺的全名叫作"鲁盖叶女士清真寺"，阿拉伯文中的这个"女士"（السيدة，al-Sayyidah）在这里是对圣裔家族（先知穆罕默德的亲属）中女性的尊称，这个清真寺就是在鲁盖叶墓的基础上建立起来的。

这里所说的鲁盖叶女士，实际上是一个仅仅活了5岁的小女孩。鲁盖叶是先知穆罕默德的曾外孙女，她的父亲是先知的外孙侯赛因。我们在上文讲到伍麦叶清真大寺的侯赛因头颅冢的时候曾经提到，侯赛因在680年的卡尔巴拉惨案中不幸罹难，他的头颅被割下来，然后被装在一个盒子里送到大马士革。惨案发生后，侯赛因的一些幸存的亲属也被押解至大马士革，其中就包括他年幼的女儿鲁盖叶。

按照伊斯兰教什叶派的传说，当鲁盖叶被带到大马士革的哈里发叶齐德面前时，她不停地大声痛哭，致使哈里发不胜其烦，于是就派人把装有侯赛因首级的盒子拿给她看。可怜的小女孩鲁盖叶看到自己父亲的头颅时悲痛欲绝，伏在首级旁边恸哭不止，然后很快就死去了。

鲁盖叶死后就被埋在老城西北的一处废墟里，后来在其坟墓的基础上逐渐形成了一个清真寺。今天我们看到的鲁盖叶清真寺是1985年重修的，重修的资金主要来自伊朗等地的捐款。

鲁盖叶清真寺迷人而又神秘的白色穹顶

　　我和廉老师进入鲁盖叶清真寺之后，发现这个建筑虽然是重建的，但和很多粗糙的新建筑不一样，它非常精致美观，可以看出建筑师和工人是煞费苦心的，宗教上的热忱应该起到了很大的作用。清真寺的庭院地面铺以白色的大理石，而且上面是带有顶棚的——这和大多数清真寺露天的庭院不同，朝拜者和游客们不必忍受风吹雨淋，而且这也有助于保持整个清真寺的清洁。

　　从庭院大门进入主建筑后，我们发现整个屋顶都被装饰以无数个角度不同的小镜片，令人炫目的同时，还造成了一种水晶宫般的梦幻感觉。通往礼拜殿的入口是分为男宾和女宾的，当我们进入礼拜殿后，看到一道带有鎏金边框的不透明玻璃幕墙将整个大殿从中间一分为二，形成了男宾礼拜区和女宾礼拜区。

　　我在阿拉伯国家参观过很多清真寺，就礼拜区域的面积而言，大多数的女宾区小于男宾区，等量齐观的情况着实很少见，但鲁盖叶清真寺是个例外，大概是因为埋葬在这里的是位女性吧。

整个礼拜殿的上方用典型的波斯彩色釉砖进行装饰，大殿正中是整个清真寺最核心的部分——鲁盖叶墓。陵墓的外围是长方形的栅栏外墙，上面用金纸装饰出复杂的图案，显得十分华丽，外墙的里面还有一层栅栏内墙，两层护墙共同拱卫着中间的鲁盖叶棺椁。由于隔着两层栅栏，里面的棺椁看不太真切，只是覆盖在上面的浅绿色锦缎帷幕依稀可见。

　　我看到很多男性伏在栅栏外墙，不断地抚摸和亲吻着栅栏，嘴里还不停地念念有词。由于靠近伍麦叶清真大寺，很多穿着黑袍的伊朗妇女从清真寺的侯赛因头颅冢出来之后，就直奔鲁盖叶墓进行拜谒。

　　鲁盖叶清真寺如今已是一个什叶派圣地，先知的曾外孙女离世已经有1300多年了。直到今天，虔诚的什叶派穆斯林来到鲁盖叶的归真地大马士革，看到她的棺椁，抚摸到小女孩陵墓外的栅栏时，还是有很多人会悲伤和激动得热泪盈眶乃至放声痛哭。今天重温这种宗教情感，早已为人父的我，似乎也更容易理解朝圣者们的心境了。

鲁盖叶清真寺男区的朝拜者在抚摸圣墓的外栅栏，可见分割男宾女宾区的玻璃幕墙

最后再说说小门墓地（مقبرة باب الصغير, Maqbarat Bāb al-Ṣaghīr）。

小门墓地位于大马士革老城的西南方向，因靠近老城的一个城门——小门而得名。小门墓地乍一看很不起眼：形状不规则，面积也不大，且没有什么特别雄伟的建筑，但是这片墓地绝不可小觑，因为这里埋葬着多位伊斯兰历史上的著名人物，具有极高的宗教和历史价值。

小门墓地我曾造访过两次。出老城西南方向的小门向前行进，一路上能看到不少麦木鲁克和奥斯曼时代的古建筑，而且能看到许多雕刻墓碑的作坊，感觉陵墓的气氛越来越浓，往前走不远，就能看到小门墓地的围墙。

这片墓地已经密密麻麻地竖满了墓碑，其中大多数是平民的，少数体积较大的石质建筑零星散布其中，其外墙基本上由黑白相间的石料砌成，也有一少部分被涂成了全白色，穹顶几乎都是绿色的——这种风格一看便知是圣墓。

小门墓地：带绿色穹顶的都是圣墓

在我看来，这里的著名陵墓大致可以分为以下几类：

1. 圣门弟子墓

圣门弟子（الصحابة, al-Ṣaḥābah），意即"先知穆罕默德的伙伴们"，主要是指先知在世时期，信奉了伊斯兰教并与先知并肩奋斗的那一部分早期穆斯林。在小门墓地，典型的代表是比拉勒（بلال الحبشي，Bilāl al-Ḥabashī）和阿卜杜拉·本·贾法尔（عبد الله بن جعفر，'Abdullāh bun Ja'far）的墓地。比拉勒是一位来自埃塞俄比亚的黑人，据记载他身材高大，嗓音洪亮，是先知钦定的宣礼员；阿卜杜拉·本·贾法尔是先知的侄子，也是著名的圣门弟子，他的祖父艾布·塔里布还曾经抚养过先知。这两位圣门弟子共同埋葬在一个建筑内。

2. 先知穆罕默德的家属

小门墓地里埋葬了不少先知的家眷，其中包括：

哈弗萨女士墓（ضريح السيدة حفظة，Ḍarīḥ al-Sayyidah Ḥafẓah），哈弗萨是先知穆罕默德的妻子，她也是大圣门弟子——第二任哈里发欧麦尔的女儿。这位女士的墓靠近小门墓地的一个大门，这个门上立着一块牌子，上面标注着哈弗萨女士陵墓，还写了一句评价："世界妇女的荣耀，传道者领袖（即先知）的珍宝"[①]。

السيدة أم حبيبة والسيدة أم سلمة）乌姆哈比白女士墓和乌姆塞勒麦女士墓（ضريح，Ḍarīḥ al-Sayyidah 'Umm Ḥabībah wa al-Sayyidah 'Umm Salmah），这两位女士都是先知的妻子，其中乌姆哈比白是艾布·苏福彦的女儿，这位艾布·苏福彦就是大名鼎鼎的伍麦叶王朝的建立者穆阿威叶的父亲。两位女士的棺椁内衬庄严肃穆的深蓝色锦缎，上面绣上了她们的姓名，外面则用玻璃罩起来。

3. 什叶派人物的圣墓

小法帖梅女士墓（ضريح السيدة فاطمة الصغرى，Ḍarīḥ al-Sayyidah Fāṭimah al-Ṣughrā），小法帖梅是什叶派伊玛目侯赛因的女儿。

苏凯娜女士墓和小宰奈卜女士墓（مقام السيدة سكينة والسيدة زينب الصغرى，Maqām al-Sayyidah Sukainah wa al-Sayyidah Zainab al-Ṣughrā），苏凯娜是伊玛目侯赛因的女儿，而小宰奈卜通常被称作"乌姆库勒苏姆"（أم كلثوم，'Umm Kulthūm），是伊斯兰教历史上第四大哈里发阿里的女儿，之所以叫小宰奈卜，是相对于哈里发阿里的另一个叫宰奈卜的女儿（大宰

---

① 原文是"فخر نساء العالمين من كنوز سيد المرسلين"。

86

奈卜，大马士革南郊有其绚丽的陵墓和清真寺，下文会有专门论述）而言的。这个墓有一个院子，主建筑的外墙全部涂成白色，三个绿色的穹顶非常醒目，两位女士分别被埋葬在带拱顶建筑的地下室里，另一个拱顶的下面是一个小清真寺。

费缎女士墓（ضريح السيدة فضة, Ḍarīḥ al-Sayyidah Fiḍḍah），费缎女士是先知及其女儿法帖梅·扎哈拉（فاطمة الزهراء, Fāṭimah al-Zahrā'）的女仆。费缎女士之所以能享受如此待遇，因为她是把什叶派伊玛目哈桑和侯赛因从小抚养大的有功之人。

阿卜杜拉·本·伊玛目宰因·阿比丁墓（السيد عبد الله بن الامام زين العابدين مقام, Maqām al-Sayyid 'Abdullāh bun al-'Imām Zain al-'Ābidīn），其父亲是什叶派第四任伊玛目宰因·阿比丁。阿卜杜拉的陵墓有一个小院子，其棺椁也非常华丽。

卡尔巴拉烈士头颅冢（مقام رؤوس شهداء كربلاء, Maqām Ru'ūs Shuhadā' Karbalā'）大概是小门墓地里规模最大，也是最重要的什叶派圣墓。我第一次造访小门墓地的时候，已经到了头颅冢的门前，但是不巧错过了开放的时间，几个月之后再度到访，终于得以入内。

卡尔巴拉惨案发生后，侯赛因被杀并身首异处，他的亲信和随从也有不少人寡不敌众力战而死，其中一些死者的头颅也被带至大马士革。后来同情侯赛因的民众收集了一些烈士的头颅合葬在一起，就形成了今天的卡尔巴拉烈士头颅冢。

今天的头颅冢从建筑上大体可分为两进，第一进庭院的中间是陵墓，两侧是可供人休息的柱廊，第二进的中间有庭院，两侧分别是办公室和清真寺。

整个建筑的核心就是头颅冢的墓室，其外墙由黑白相间的石头砌成，上有一个绿色的穹顶。墓室的中心是棺椁，其外围是装饰精美的银色栅栏，里面是一个大匣子，匣子上有开口，能够看到其内部放置有16个裹着绿色绸布的圆形物体——卡尔巴拉烈士的头颅。16颗头颅呈正方形整齐摆放，而且上面还用金色的丝线绣着烈士的名字，这场景让人过目难忘。

说来也巧，我后来在广州时，曾参观过黄花岗七十二烈士墓园，同为收敛尸骨而形成，想来竟然觉得和这个头颅冢有些相似之处。

卡尔巴拉头颅冢的墓室大门

小门墓地的一个门，门内带绿色穹顶的建筑就是先知妻子哈弗萨女士墓

卡尔巴拉烈士头颅冢内葬着的16枚人头，上面还用金线绣了烈士的名字

4. 其他历史人物墓

其中最具代表性的是伊本·阿萨基尔墓。伊本·阿萨基尔（ابن عساكر, 'Ibun 'Asākir）在阿拉伯世界被公认为研究大马士革历史的专家，他的本名叫阿里·本·哈桑（علي بن الحسن, 'Alī bun al-Ḥasan），公元1105年生于大马士革。他曾游学巴格达和波斯等地，后来返回大马士革，1176年去世。由于学识出众，伊本·阿萨基尔在他自己所生活的年代里就已经声名鹊起，其著作在今日仍被奉为经典。

伊本·阿萨基尔最主要的著作是《大马士革城市史》（تاريخ مدينة دمشق, Tārīkh Madīnah Dimashq）。在这部著作中，他记录了自己认为与大马士革历史有关的大量史实，采用的方式是传统阿拉伯史学的记录形式，即传述他人的话或者传述自己看到的他人的文字记录，并且非常注重传述的线索。1995—1998年，贝鲁特出版了新校订的《大马士革城市史》，篇幅竟达到七八十卷。

伊本·阿萨基尔的墓在小门墓地的一隅，外有白色栅栏，绿色的棺椁上写着："进行传述的伊玛目，大马士革历史学家——阿里·本·哈桑，以哈菲兹①·伊本·阿萨基尔闻名于世"②。伊本·阿萨基尔对于大马士革的史料保存和历史研究做出了重大贡献，所以能在尊贵的小门墓地拥有一席之地。

最后，来说一个特别的墓——穆阿威叶及数位圣门弟子的合葬墓。

这个墓的墙壁是黄色的，穹顶被刷成白色，看起来和小门墓地的其他陵墓很不一样。建筑的上方刻有一行阿拉伯文，我聚精会神地凝视了很长时间，总算辨认出大致内容："这里埋葬着一些先知的圣门弟子，他们是法道莱·本·欧拜德拉、苏海勒·本·（名字模糊不清）、瓦伊勒·本·艾斯葛阿，他们都在一棵树下向先知效忠，还有伍麦叶国家的建立者穆阿威叶·本·艾布·苏福彦。"③

---

① "哈菲兹"在阿拉伯文中是保管人、保存者的意思，一般对于博闻强识之士也尊以"哈菲兹"的称号。

② 原文是"الامام المحدث مؤرخ دمشق علي بن الحسن المعروف بالحافظ ابن عساكر"。

③ 原文是 "قبر بهذا الموضع بعض صحابة رسول الله وهم فضالة بن عبيد الله وسهيل بن***ووائل بن الأسقع وهم ممن بايع الرسول تحت الشجرة و معاوية بن أبي سفيان مؤسس الدولة الأموية"。

大马士革历史学家——伊本·阿萨基尔之墓

其中最有名的自然是穆阿威叶（معاوية بن أبي سفيان，Mu'āwiyah bun 'abī Sufyān），此公出身于麦加贵族，颇有实力，是阿拉伯历史上赫赫有名的伍麦叶王朝的建立者。然而在后世的什叶派看来，穆阿威叶是罪大恶极之人，此人被认为是凭借奸计击败了什叶派的第一任伊玛目阿里，从而夺取了国家领导权，其儿子叶齐德还制造了卡尔巴拉惨案。

穆阿威叶死后就葬在小门墓地。在历史上，其陵墓曾数次遭到严重破坏，比如公元750年，伍麦叶帝国倾覆，对伍麦叶人怀着刻骨仇恨的阿拔斯人占领大马士革后，就对穆阿威叶及其子嗣的陵墓进行了大肆毁坏。

如今，每年都有众多的什叶派穆斯林前来小门墓地进行朝觐，他们当中不乏有人要对穆阿威叶墓顺手一击。我曾经看过一些视频，什叶派朝圣者经过此墓时，总少不了要咒骂几句，而后抄起石头打去，其情形不禁让人想起杭州西湖畔岳王庙前秦桧跪像的待遇。

我透过这个陵墓的栅栏向内探望，里面一片狼藉，只能看到一些残破的石块和类似于石棺的东西。整个建筑门窗上的玻璃大都已经碎掉，而且其正前方的铭文上，还被醒目地泼上了一片类似于墨汁的黑色液体，我也终于明白了为何此墓要用额外的栅栏保护。

　　作为一代枭雄以及伊斯兰历史上最受争议的人物之一，穆阿威叶是伍麦叶王朝的开拓者和伊斯兰历史上第一位帝王，其生前曾轰轰烈烈，死后却一直难以享受安宁，他的陵墓俨然成了小门墓地里最尴尬的存在，也让人不免一声叹息。

穆阿威叶及数位圣门弟子的合葬墓，虽有保护，但依然受损严重

大马士革农村省

圣地修道院——萨伊德娜亚和马卢拉

萨伊德娜亚（صيدنايا, Ṣaydnāyā）和马卢拉（معلولا, Maʻlūlā）是位于大马士革农村省的两个镇子，都是在首都的东北方向，距离市区几十公里。这两个镇子地处荒凉的东黎巴嫩山脉的东部边缘，主要居民是基督徒，也都有著名的基督教圣地。当年在叙利亚留学的时候，我曾和其他留学生一起来此处游览，留下了深刻的印象。

萨伊德娜亚离首都30多公里，此处最著名的古迹是有着近1500年历史的萨伊德娜亚修道院（دير سيدة صيدنايا, Dayr Sayyidah Ṣaydnāyā），这是个隶属于安提俄克①希腊东正教的女子修道院，在中东地区非常有名，也是世界上现存的最古老的基督教修道院之一。

萨伊德娜亚来自阿拉马语②，萨伊德娜亚修道院是"圣母修道院"的意思，其建立可以追溯到拜占庭时期。据说国王查士丁尼（Justinian）在此处看到了圣母的幻象，于是在公元547年下令修建了这个修道院，从那时起，就一直有修女在此处修行。

---

① 安提俄克（Antioch），今土耳其哈塔伊省的安塔基亚（Antakya）。

② 阿拉马语（Aramaic language）是中东的一种古老的语言，据说也是耶稣在世时讲的语言。至今叙利亚的一些信仰基督教的居民依然延续着讲阿拉马语的习惯，包括本书提到的萨伊德娜亚和马卢拉这两个地方。

仰视萨伊德娜亚修道院

这个修道院矗立在一块巨石上，从远处看很像一座城堡，我们费了很大的力气才登上去。站在修道院的门口，能俯瞰整个萨伊德娜亚镇。修道院里面有教堂、藏书室和修女们居住的地方，最核心的部分是圣像室，里面藏有很多珍贵的圣母像，其中的"镇院之宝"是一幅来自耶路撒冷的古圣母像。据说是公元1世纪时的圣徒卢克（Saint Luke）制作的。这些圣地都禁止拍照，所以我们也只能不无遗憾地谨守规定。

不知怎的，我竟然感觉这个修道院和国内的一些名寺古刹有几分相似：一方面都位于高处，需要走很多台阶才能上去；另一方面都有世代相传的宝物——古圣像或是佛骨舍利。

还记得当时在修道院里遇到了一位修女，她对我说：先生，请做点捐献吧，多少都行。作为一个穷学生，我能做出的捐赠十分有限。后来了解到，萨伊德娜亚修道院里有上百位修女，还资助了大量的孤儿。我想，如果自己还有机会去的话，应该能多做些贡献。

作为基督教圣地，每年有来自世界各地包括叙利亚的大量基督徒到此朝圣，一睹那2000年前的圣母像。一个很有意思的现象是，除了基督徒，还有不少叙利亚穆斯林也会来到这里，向圣母玛利亚祈福，希望能治愈疾患或是求得子嗣繁盛，圣母的号召力着实让人感动。

再说说马卢拉。这个镇子也在大马士革东北方向，距离市区50多公里，和萨伊德娜亚一样，这里的居民也是以基督徒为主，且很多人依然能讲古老的阿拉马语。

马卢拉在阿拉马语里是"入口"的意思，很可能指的是此地一处著名山谷的入口，也就是后文会提到的"奇迹山谷"。这里最出名的两处基督教圣地分别是圣塔格拉修道院（دير القديسة تقلا البطريكي, Dayr al-Qaddīsah Taqlā al-Baṭrīkī）与圣塞基阿斯和巴胡斯修道院（دير مار سركيس وباخوس, Dayr Mār Sarkīs wa Bākhūs）。

圣塔格拉修道院是以基督教圣女塔格拉命名的。塔格拉据说是使徒保罗（Paul the Apostle）的追随者，她信奉基督教以后就不断遭到异教徒的迫害。有一个著名的传说，当罗马军队追赶塔格拉到今天马卢拉这个地方的山脚下时，塔格拉已濒临绝境，于是她向上帝祈祷，奇迹出现了，她面前的山体裂开并形成了一条深深的峡谷，塔格拉得以逃脱。后来她就住在马卢拉直到去世，在她所埋葬的地方逐渐形成了今天的圣塔格拉修道院。

圣塔格拉修道院的正面

今天的圣塔格拉修道院是女子修道院，里面有肃穆的教堂和圣洁的泉水。修道院后面有一条幽深的山谷，据说就是当年圣女得以奇迹般逃脱追捕的地方。现在每年有大量的基督徒和游客来这个修道院朝圣或是游览，他们大都要在山谷里走上一程。当我在这个山谷里行走的时候，不禁想起摩西带领犹太人出埃及时红海海水分开的奇迹，实在是颇有几分相似。

结束了圣塔格拉修道院的参观之后，我们登上了修道院后面的山顶，马卢拉镇的全景一览无余。山上的景色十分荒凉，一个带着青灰色穹顶和白色十字架的建筑醒目地映入眼帘，这就是著名的圣塞基阿斯和巴胡斯修道院。

这个修道院原本在罗马时期是一个多神教的神庙，大约在公元5—6世纪的时候转变为基督教修道院，其命名是为了纪念塞基阿斯（Sergius）和巴胡斯（Bacchus）这两位圣徒。

登上山顶，可见高地上的圣塞基阿斯和巴胡斯修道院

塞基阿斯和巴胡斯两人是挚友，都曾是罗马帝国的高级军官，他们的基督教信仰被发现后，遭到了残酷迫害，两人互相鼓励，最终都壮烈牺牲。先是巴胡斯被折磨致死，后来塞基阿斯也在今天叙利亚的一个叫鲁萨法的地方被斩首——鲁萨法这个地方在后文会专门讲述。

这个古修道院的面积不算很大，外墙用叙利亚地区常见的黄色石头砌成，建筑的上方可见教堂穹顶和钟楼等标配，内部有一个庭院。周边苍茫而荒凉的景色倒是让人觉得内心平静，此地适合修建修道院这类建筑。后来我听说这里藏着一件"镇院之宝"——或许是全世界现存最早的"最后的晚餐"题材的基督教圣像。也许是当时并未展出，或是因为匆匆游览，我并没能看到这一传世宝物，回想起来实在是有些可惜。

令人心痛的是，基督教圣地也未能躲过残酷的叙利亚内战。2013年，反对派武装一度控制了马卢拉镇，并以当地著名的"大使宾馆"（فندق السفير, Funduq al-Safīr）作为据点，和叙利亚政府军展开了激烈的交火。在冲突中，圣塔格拉修道院以及圣塞基阿斯和巴胡斯修道院都损毁严重。据说现在这两个修道院经过修复已重新对外开放。

如果有一天还能重返叙利亚，我希望能再去马卢拉看看这些古老的修道院，重新走走那里的奇迹山谷。

俯瞰马卢拉镇，2013年，这里曾发生政府军和反对派武装的激烈交火

马卢拉的奇迹山谷，据传圣女塔格拉就是凭借此奇迹获救的

什叶派圣地——塞伊黛宰奈卜

　　塞伊黛宰奈卜（السيدة زينب, Al-Sayydah Zainab）是一个地名，字面的意思是"宰奈卜女士"，位于首都东南约10公里，是大马士革—苏韦达公路沿线的一个镇子。

　　顾名思义，此地因宰奈卜女士而得名，这里有宰奈卜墓和以其名字命名的清真寺。这位宰奈卜，是伊斯兰教尤其是什叶派历史上的一位重要人物，她的父亲是阿里（先知穆罕默德的堂弟，逊尼派第四大哈里发，也是什叶派第一位伊玛目），其母是先知穆罕默德的女儿法帖梅，她的两位亲兄弟分别是哈桑和侯赛因（什叶派第二、第三位伊玛目），其丈夫是先知穆罕默德的亲密伙伴——大圣门弟子阿卜杜拉·本·贾法尔。

　　这位女士通常被称作大宰奈卜（زينب الكبرى, Zainab al-Kubrā），因为其父亲阿里有个也名叫宰奈卜的小女儿——通常被称作小宰奈卜。

宰奈卜墓的入口，金色的穹顶熠熠生辉

我曾读过北大阿拉伯语言文化系吴冰冰教授的著作《什叶派现代伊斯兰主义的兴起》，在书里第一次听说了有这么个地方，也是后来去那里旅行的缘起。

在叙留学期间，我曾经两次造访塞伊黛宰奈卜。

第一次"朝圣"是在2004年11月。几经询问，我和廉老师终于找到了前往塞伊黛宰奈卜的车站，这里发出的全是极为破旧的面包车，前往苏韦达公路沿线各地。一路上人烟稠密，车速也很慢，所幸距离并不远，没过多久就听见司机叫"宰奈卜到了"。

下车以后本想先问路，但环顾四周后就看见了远处一个建筑上熠熠生辉的巨大金顶——显然就是此行的目的地。之前曾听说宰奈卜墓以一个鎏金的拱顶而著称，而且这是大马士革市内任何一个建筑所没有的。当亲眼见到时，我还是有些激动，甚至联想到了在图片里见过多次的耶路撒冷岩石清真寺的金顶。

走到近前，我们看清了宰奈卜墓的构造。整个建筑呈正方形，外墙内侧连着柱廊，内部是铺着大理石的庭院，庭院的角落分别矗立着两个高耸的圆柱形宣礼塔，位于庭院正中的是整个建筑的核心——墓室。墓室呈正方形，面积很大，有东南西北四个门，其正上方就是那个巨大的金顶，太阳的光辉映照在上面并产生反射，绚烂至极。

宰奈卜墓的建筑在外侧都贴有蓝色（或青色、金色）的彩釉瓷砖，上面绘有纷繁复杂的几何图案和阿拉伯文装饰，呈现出典型的波斯风格。我们到访的时候，宰奈卜墓刚刚经历完一次较大规模的修缮，墓室建筑上那几扇镀金的大门显然是新近装上的。

和大马士革的鲁盖叶墓一样，这个墓室里面也分男宾区和女宾区，宰奈卜的巨大棺椁放置在正中，恰好位于金顶下面，接受着众人的朝拜。棺椁的外面装有一个金属围栏，棺椁的盖子用非洲黑木（خشب أبنوس，Khashab 'Abnūs）[①]制成，上面镶嵌着象牙和黄金。巨大的水晶吊灯从天花板上垂下来，令人眼花缭乱，在整个墓室里营造出一种水晶宫般的氛围，也的确很符合墓主的女士身份。

---

① 非洲黑木主要产自撒哈拉沙漠以南的非洲，是一种颜色乌黑且密度很大的名贵木材。

宰奈卜墓的入口，亲吻大门的人们

宰奈卜墓的内部，正下方是棺椁外的金属围栏　摄影：廉超群

在陵墓的旁边，还有一个很大的宰奈卜清真寺，其装饰风格和宰奈卜墓完全一致。

这之后还有一个插曲。出了宰奈卜清真寺，我和廉老师在路旁偶遇了一位头顶裹着白色头巾、留着大胡子的男士。这位先生主动和我们打招呼，得知我们是两位能讲阿拉伯语的中国青年后显得异常兴奋，他介绍说自己是附近一座小清真寺的伊玛目（阿訇），并且热情地邀请我们去他的清真寺坐坐。

恭敬不如从命。我们到了以后发现，这是一座面积很小，也相当简陋的清真寺。这位伊玛目和我们聊了起来，他说自己是一位家住费卢杰的伊拉克人，原本是位工程师，战乱爆发后，他只身逃到叙利亚，后来在塞伊黛宰奈卜暂时安顿下来，做了这个小清真寺的伊玛目。

这位先生说他的家人目前还都在费卢杰，我还记得他操着纯正的阿拉伯语感慨地说："我实在是太想念他们了……"

机缘巧合，后来我也到多灾多难的伊拉克工作过。这么多年过去了，不知道那位老兄身在何方，祝他和家人安康。

宰奈卜于伊历7年（约公元626年）出生于麦地那，作为先知的亲外孙女，其出身可谓十分高贵，然而她不幸为争夺领导权的残酷斗争所殃及，命运十分悲惨。

本书曾多次提到公元680年的卡尔巴拉惨案，宰奈卜亦是其中的受害者。她的亲哥哥侯赛因（先知穆罕默德的亲外孙）被哈里发叶齐德派出的军队杀死，宰奈卜被俘并被带到大马士革，先是被羁押起来，随后获释。几年之后，她黯然离开人世，葬于大马士革郊区。

在什叶派看来，出身圣裔家族的宰奈卜是穆斯林妇女不幸、隐忍和坚韧的典型代表，她的墓地自然也受到什叶派的顶礼膜拜。每年都有来自伊朗、伊拉克、黎巴嫩、巴基斯坦、印度和阿富汗等国家的大量朝圣者来到这里。

我和廉老师的第二次造访是在2005年的2月18日，当天正值伊斯兰历1月10日，是纪念伊玛目侯赛因殉难的阿舒拉节。作为什叶派的圣地，塞伊黛宰奈卜在这一天必然会有纪念仪式。虽然我们早就听说在伊朗的某些地方，阿舒拉节会有很多较为血腥的场面出现，但还是按捺不住好奇心，决定重返塞伊黛宰奈卜。现在回想起来，年轻时的我们还是颇有些勇气的。

我们上午到达宰奈卜墓，发现竟然没有任何纪念活动。后来问了当地人才知道，阿舒拉节的纪念仪式是晚上才开始的，于是我们只能选择等待。

日薄西山之后，宰奈卜墓的来访者愈聚愈多，逐渐到了快要摩肩接踵的程度，其中大多是男性。晚上八点钟左右，虽然无人宣布，纪念活动还是拉开了序幕。

最先吸引我们注意力的是在宰奈卜墓外墙的廊柱内，两排面对面站立的男子一边整齐地喊着口号，一边挥动双手用力拍打着自己的胸膛。此时庭院里人头攒动，一些人在卖力地宣讲着什么，周围的人们边听边随声附和。

过了一会儿，纪念仪式的重心转移到了宰奈卜墓以外，塞伊黛宰奈卜镇上各处不时传来阵阵喊声，我们也随着人流走到了大街上。

映入眼帘的是一行行游行的队列，每个队列都举着条幅，还记得其中的一个条幅上写着"侯赛因的拥护者"（أنصار الحسين، 'Anṣār al-Ḥusayn）几个大字，还有一个是"呼喊者队列"（موكب التطبير، Maukib al-Taṭbīr，在其他地方，这种队列的成员往往会自残以致血流满面），其成员基本都是成年男子，每个人的额头上都裹着白布带子，身披白布丧服。他们有人手中挥舞着刀剑，有人敲着鼓，还有人举着火把，大家口中呼喊着各种口号。游行的主旨是哀悼卡尔巴拉惨案中丧命的伊玛目侯赛因，并表示要为其复仇。

成年男子队列过去之后，由小男孩组成的队列也开始登场，和大人一样，孩子们也身穿丧服，舞动刀剑。我跟随着这样的一队"童子军"走了一会儿，终于听清了他们不断呼喊的是"Hidād"（حداد，即哀悼、居丧的意思）。不少戴着黑色头巾和面纱的妇女站在一旁，有些在观看并应和，有些在不断地拍照。

游行活动一直持续到深夜，整个过程还是比较克制的，并没有出现血腥的场面。第一次近距离体验阿舒拉节的仪式，给我留下了终生难忘的印象。

单论出身，宰奈卜似乎本可以一辈子过着锦衣玉食的生活，但这位女士的人生却是不幸的。权力斗争的殃及使她和自己的丈夫离散，亲兄弟侯赛因在卡尔巴拉被杀死，她的两个儿子竟也在那里丧命。在生命最后的那段时光中，宰奈卜女士想必是凄凉的，她必定不愿住在大马士革，因为那里有伍麦叶王朝的哈里发，那座古城里也停放过侯赛因的头颅。宰奈卜离世后，葬在大马士革城外的郊区，似乎也印证了这一点。

在探访宰奈卜墓的时候，我看到大量的朝圣者一边亲吻陵墓的鎏金大门或棺椁的金属围栏，一边噙着眼泪默念个不停。1300多年前的往事萦绕在他们心间，仿佛在昨天，什叶派穆斯林的宗教情感总是表现得这样淋漓尽致，令人感慨不已。

2011年，叙利亚内战既起，塞伊黛宰奈卜也遭到波及。在这个地方，叙利亚政府军、伊朗和伊拉克的什叶派武装与反对派武装发生过多次交锋。

2013年1月，宰奈卜墓的一个宣礼塔被一发迫击炮弹击中受损。同年11月初，宰奈卜清真寺周边地区发生了惨烈交火，以志愿者身份守卫这里的伊朗革命卫队司令穆罕默德·贾迈利在交战中身亡。2016年，"伊斯兰国"又在这个地方制造了数起血腥的汽车炸弹事件，造成数百人死亡。

作为一个曾经造访过塞伊黛宰奈卜的人，我只能说：宰奈卜女士，愿你安息。

南部地区

德拉省

难忘布斯拉

布斯拉是我在叙利亚游览过的第一个重量级历史古迹，也是我平生去过的第一座罗马古城，所以印象格外深刻。尤其是那有着1800多年历史，保存完好的古罗马剧场，着实令人难忘。

布斯拉（بصرى,Buṣrā，罗马时期通常拼写为Bostra）位于叙利亚南部的德拉省，距离大马士革约140公里，据说此地3000多年前就有城市存在。布斯拉交通发达，商业繁荣，从公元前2世纪开始成为奈伯特人的重要城市，还曾是丝绸之路上的一个重要驿站。

公元2世纪初，布斯拉所在的地区被并入罗马帝国，布斯拉也成为罗马阿拉比亚省（Arabia Petraea）的首府，并与南部城市佩特拉（Petra）一起，构成了这个边疆行省内最重要的两个城市。当时罗马帝国境内的公路"新图拉真大道"（Trajan's New Road）纵贯阿拉比亚省，北接当时的叙利亚省，南达红海沿岸，并将布斯拉和佩特拉一北一南两个城市连接起来。今天我们看到的布斯拉罗马古迹，包括宏伟的剧场，主要就是在那个时期修建起来的。公元5世纪，布斯拉完成了基督教化，并成为拜占庭帝国内的一个区域宗教中心，大教堂和修道院等一些建筑也随之出现。

布斯拉和伊斯兰教先知穆罕默德还曾经结缘，这也有别于叙利亚其他一些罗马古城。公元6世纪末，大约是在从麦加到叙利亚经商的途中，先知穆罕默德曾途经布斯拉，并在这里遇到了基督教僧侣巴西拉（Bahira）。据说这位僧侣一眼就认出穆罕默德是人类的最后一位先知，也就是封印先知。

公元634年，杰出的阿拉伯将领哈立德从拜占庭人手中夺取了布斯拉，从此古城进入了伊斯兰时期，清真寺等一些伊斯兰教建筑也开始出现在这里。从11世纪塞尔柱克王朝开始，布斯拉逐渐演变为一个地区军事重镇，罗马剧场也被改造为一个城堡。公元1147年，布斯拉成功抵御来自耶路撒冷的十字军进攻。在随后的艾优卜王朝，从1202年到1253年的近半个世纪内，罗马剧场的城堡不断得到加固，其外侧修筑起了八个大塔楼，形成了一个固若金汤的大要塞，布斯拉也延续着军事重镇的地位。然而在蒙古西征之后，布斯拉衰落下去，逐渐变成了一个小村子。

古罗马剧场外侧，俨然一处坚固的军事要塞，不见剧场，只见要塞，照片正中是13世纪修筑的巨大塔楼，其外侧有三层的射箭孔

按照叙政府2004年的统计，布斯拉有人口近2万人，主要是逊尼派穆斯林。

　　我第一次去布斯拉是在2004年的10月底，当时天气晴朗，暑气已有所消散，很适合户外旅行。我们几个中国同学，还有一位宿舍邻居——来自也门的医科留学生哈立德一起从大马士革出发，先是坐车一路向南到了德拉（市），然后转车至布斯拉。

　　长途车到达罗马剧场旁边的广场，这是布斯拉的核心，剧场以北就是著名的布斯拉罗马古城，整个布斯拉是从当年的罗马古城发展起来的。至今古城内还有不少居民，并借助以前的古建筑材料修建了很多民房。

　　进入布斯拉古城——当年罗马阿拉比亚行省的首都，恍如进入一个黑色石头构成的古代世界。到处是颓垣断壁和各种石柱的残骸，1800多年前的罗马道路被压得坑洼不平。我平生第一次亲眼见到罗马古城，这是一种从未有过的体验，走在直街上，兴奋的心情可想而知。

布斯拉罗马时期的直街，至今仍是老城内最主要的道路

当年的布斯拉古城大体上呈矩形，直街作为城内最长的道路横贯东西，并连接着两座至今尚存的城门：东门（也叫奈伯特门，الباب النبطي, al-Bāb al-Nabaṭī）和西门（也叫风门，باب الهوى, Bāb al-Hawā）。南北向有两条平行的干道，分居东、西两侧，介于其间的还有条连通直街和罗马剧场的道路——并不是很长，以直街路边三拱形的凯旋门为起点，一直通到布斯拉古城以南的剧场。这个凯旋门至今尚存，可以想象当时城里的居民们先汇聚到直街，然后穿过凯旋门便可直达布斯拉那引以为傲的巨大的罗马剧场。满满的仪式感，想起来就让人颇为激动。

古城东门：奈伯特门

布斯拉古城在罗马和伊斯兰时期都是繁荣一时的城市，目前古城里还保存着大量的罗马和伊斯兰时期的建筑。曾经宏伟的罗马神庙，目前只剩下一个完整的石柱和旁边的一小段墙体，及其上面支撑起的横梁残段。欧迈尔清真寺（المسجد العمري, al-Masjid al-ʻUmarī）附近的罗马浴室还有不少遗迹保存至今，大概在伊斯兰时期也曾经使用过。浴室房顶虽然早已坍塌，但是浴池、浴盆和墙上的陶制水管依然清晰可见。

凯旋门遗址，可从直街到达罗马剧场

　　保存相对完好的是僧侣巴西拉修道院（دير الراهب بحيرا，Dayr al-Rāhib Baḥīrā）。这是个始建于公元4世纪的基督教堂，后来为了纪念著名的基督教僧侣巴西拉而得名。我对这个修道院遗址的印象很深。这是个典型的"巴西利卡"式长方形建筑，高耸的四壁基本完好地矗立，其中的一端曾有半圆形穹顶，可惜已经坍塌。还记得我上大学的时候听过古代建筑的选修课，有一位老师讲过：中式古建筑主要由柱子承重，墙体不承重，而西方古典建筑的墙体是承重的。看到这个修道院遗址的高墙时，自己竟然想起了这句话。

　　在整个古城的东南角，有一个近似于正方形的罗马蓄水池，四壁都用石头砌成，非常工整。据说这是整个罗马帝国较大的市内露天蓄水池之一，其基本功能是收集雪水和雨水，并在干燥炎热的夏季给城内的浴室和喷泉供水。

僧侣巴西拉修道院的遗址，高墙矗立，感谢廉老师给我当了比例尺

布斯拉老城至今还保存着好几处知名的伊斯兰古建筑，其中最早的是骆驼清真寺。这个清真寺位于老城的东北角，其名称直译过来是"骆驼下跪处清真寺"（جامع مبرك الناقة，Jāmi' Mabrak al-Nāqah）。当年先知穆罕默德骑着骆驼去叙利亚经商，途经布斯拉，骆驼下跪处就是先知在这里的第一块落脚之地，这个清真寺也是在伊斯兰初期为了纪念先知此行而建立的。今天能见到的建筑是在公元12世纪修缮而成的，历史上曾作为清真寺和宗教学校。当时我们一行几人来到这里的时候，发现整个清真寺位于老城内一片传统墓地的边上，宣礼塔的上半部分已经坍塌，大门关闭。根据建筑上的花纹装饰，我猜测这里极有可能是由罗马时期的一处神庙或是教堂改造而成的。

欧迈尔清真寺的外观，具有典型伍麦叶风格的宣礼塔，其方正的造型很可能是受到了基督教堂钟楼建筑风格的影响

　　若论面积最大的伊斯兰古建筑，则当属欧迈尔清真寺。这个清真寺位于老城内偏东侧的南北路边上，始建于公元636年，也就是逊尼派第二任哈里发欧麦尔执政的时期。现存的建筑修筑于公元721年的伍麦叶王朝，其方正的宣礼塔一看就是伍麦叶王朝的典型建筑风格。这个清真寺至今仍在使用。进入清真寺内部，我留意到大殿里还矗立着带有柯林斯柱头的石柱，显然是从罗马古城就地取材。布斯拉是从叙利亚到麦加朝觐和商旅路上的重要驿站，据说当年的旅客大多到欧迈尔清真寺做礼拜并可觅得休息之处。

　　艾布·菲达学校（مدرسة أبو الفداء, Madrasat 'Abū al-Fidā'），大概是布斯拉古代伊斯兰时期建筑最后的辉煌。这个建筑始建于公元1225年的艾优卜王朝时期，建筑风格近似于骆驼清真寺和欧迈尔清真寺，其宣礼塔也是伍麦叶时期的风格。艾布·菲达学校位于罗马蓄水池的边上，按照今天的话说，算是湖景建筑，其建筑材料也取自旁边的罗马古城。公元1260年蒙古军队席卷西亚时，包括布斯拉在内的整个豪兰①地区都毁于兵火，几乎沦为无人区，布斯拉的伊斯兰黄金时代也彻底结束了。

----

① 豪兰（حوران, Ḥawrān）通常指的是今叙利亚的南部地区，有比较独特的地理和人文特征，下文还要写到那里的不少古迹。

罗马蓄水池，以及其旁边的伊斯兰建筑——艾布·菲达学校

布斯拉罗马剧场内部，拍摄于2005年3月，是日有当地学生来此地春游，他们在古剧场里一齐放声歌唱，旋律之美妙令人动容

　　最后再说一说布斯拉古城的名片，也是当地最有名的建筑——罗马剧场，这是整个古迹的精华，也是最让人久久难以忘怀的地方。

　　这个罗马剧场，我去过两次，分别在2004年和2005年，其中第二次是廉老师提议去的。当时的廉老师是个彻底的文艺青年，痴迷于舞台艺术，1800多年前的罗马剧场对他有着致命的诱惑。后来我自己总结，这个叙利亚国家名片般的历史古迹，大概有以下四个特点：古罗马剧场和伊斯兰城堡的合体、规模大、精美且保存完好。

　　布斯拉罗马剧场修建于公元2世纪，是平地而起的，不同于其他地方的剧场是借助天然斜坡建立，因此其工程量必然是庞大的。整个建筑完工后能容纳15000名观众。我查阅了一些资料，在全世界现存的古罗马剧场里，这个建筑大概是最大的。当时罗马阿拉比亚省的首府布斯拉据说有80000居民，相对于这个人数而言，布斯拉剧场似乎有点太大了。为什么要修建如此规模的剧场，我个人的猜测是，阿拉比亚是罗马帝国的边疆省，民族和宗教都比较复杂，既然武力上已经完成了征服，为了宣扬罗马文化，加强民族融合，招徕外地客商，当局认为有必要修建这么宏大的剧场。另外，这个剧场最初是修筑在城墙外面的，当时罗马盛世和平时期的社会安定也可见一斑。

布斯拉罗马剧场呈现出完美的半圆形，不仅体积大，而且非常精美。看台共分为上中下三个区，每两个区的间隔过道上还摆放着一些独立的石椅子，大概是VIP席位，整个看台的最上方有一圈石柱环绕。由于观众席很高，为了达到最佳的视觉效果和不受外界干扰，舞台的背景建筑也设计到和观众席等高的位置。这个背景建筑也分为上中下三层，每层面对观众席的一侧都装饰着带有柯林斯柱头的罗马石柱，目前仅最下层的部分石柱尚存。布斯拉古城整体上使用的是黑色石料，但剧场舞台背景的这些石柱全部是白色石料，显然是从外地专门运来的。我们今天只能想象一下当年这富丽堂皇的景象了。

布斯拉罗马剧场的另一大特点便是剧场和城堡的结合体，或者说里面是剧场，外面是城堡。其实我第一次进入布斯拉罗马剧场之前，心中充满了疑惑，因为我看到的分明是一个大城堡：高大的塔楼，上中下三层的射箭孔，外围还有深深的壕沟，需要过一个吊桥才能进入。后来才了解到，早在伊斯兰初期的伍麦叶王朝，布斯拉罗马剧场就开始了作为军事要塞的改造——这一点也很容易理解，毕竟剧场这种建筑在伊斯兰城市中并不是必需的。另外通常来讲，伊斯兰城市都是城墙加城堡的双重防御，其中的城堡多择高地而建筑，但布斯拉古城完全没有高地，高大的罗马剧场就成了最佳选择。到了12世纪和13世纪，由于战乱频繁，当时的艾优卜王朝统治者对布斯拉罗马剧场再次进行了大规模改造，在其外侧构筑了八个防御性的大塔楼，在内部还修建了仓库、水窖和兵营等设施，并在城堡外围挖掘了壕沟。今天能看到的外侧城堡的形态在当时已经完全成型，这里也成了拱卫大马士革南大门的军事重镇。

正是因为上述原因，有了外侧城堡的护卫，布斯拉罗马剧场才能在

1000多年的漫长时光中免于兵火和人为拆除，又加上外侧建筑在很大程度上构成了加固件，使得这个剧场对抗地震的能力也大为加强。到今天为止，布斯拉罗马剧场或许是世界上保存至今最大也是最美的古罗马剧场，不得不说这是一个奇迹，也是某种机缘巧合。

第一次坐在布斯拉罗马剧场里，我非常激动，眼前是一个完美的半圆形舞台，后面的"幕墙"也是美轮美奂。我走遍了剧场的各个角落，仔细观察和倾听，这里的观众席比我想象的要陡峭得多。当年没有麦克风、望远镜和大屏幕，可是这样一个能容纳15000人的巨型剧场，竟能保证里面每一个座位上的观众都能看到和听清舞台上演员的身姿和声音，这是何等精妙的建筑艺术……身边的廉老师彻底被征服了，沉醉于其中无法自拔，离开的时候尚且意犹未尽，这也是我们后来再次造访的原因。

我和廉老师来年再次进入布斯拉罗马剧场的时候，恰好有好几个班级的叙利亚小学生来此春游。孩子们在老师的带领下坐好，然后一齐唱歌，其间还拍手打起了节奏。我能听到他们用阿拉伯语唱到"叙利亚，叙利亚"，大概是赞美祖国的歌曲。1800多年的罗马剧场、活泼的叙利亚孩子们，还有那萦绕在古剧场里的合唱，这一切生动地融合交织在一起。离开叙利亚十几年来，这一幕始终萦绕在我的脑海中，难以忘怀。

叙利亚内战初期，叙政府军始终控制着布斯拉和罗马剧场。2015年3月25日，在经历了连续4天的激烈巷战之后，反对派武装最终控制了布斯拉罗马剧场。

直到三年多以后，政府军才有能力在该地区组织起大规模反攻。2018年6月，在政府军企图收复布斯拉的战斗中，罗马剧场不幸在空袭中受损，舞台和看台被数枚炸弹击中，好在其他地方受损不大。2018年7月，在经历了"德拉反击战"之后，政府军最终收复了布斯拉古城和罗马剧场。

布斯拉罗马剧场是人类共同的遗产，这次算是死里逃生。难忘布斯拉，希望有朝一日我还能在这里看到孩子们放声歌唱的动人场景。

站在观众席中间的最上方往舞台看去，可见看台之陡峭

苏韦达省

苏韦达的水渠城——高奈瓦特

2019年8月的一个晚上，我陪着几位伊拉克客人在北京东三环附近的"一千零一夜餐厅"吃饭。饭后夜色已晚，我与客人们在餐厅门口抽烟放松一下，我看到大堂经理——叙利亚人马利克，便走过去和他闲聊几句。一整天繁忙的工作到了尾声，看着眼前的车水马龙，竟让人有点莫名感慨。我看着马利克头上稀疏的头发，半揶揄道："老兄，我第一次在这里见到你是2006年，当年还是个帅小伙，可你如今连头发都快没了，真是时光荏苒①啊……"马利克笑着说："是的，时光荏苒。"我想起他是苏韦达人，便问他老家怎么样。他说感谢真主，苏韦达在战争中还算安好。我又突然想起什么，说道："讲真的，我还去过高奈瓦特和舍赫巴。"听到此话，我看到马利克疲惫的眼神里闪出了一丝光亮，大概是他想起自己的家乡了……

当天在回家的出租车上，我想起了苏韦达。

苏韦达（السويداء, al-Suwaydā'）是叙利亚最南端的一个省，其地貌基本上是山地和丘陵。阿拉伯山（جبل العرب, Jabal al-'Arab，也叫豪兰山جبل حوران, Jabal Ḥawrān）横亘于此地。苏韦达的居民大部分是德鲁兹人（الدروز, al-Durūz），其余大都是基督徒，其人口构成在叙利亚也是很有特色的。至于苏韦达的得名，我始终没有搞明白，因为苏韦达这个词在阿拉

---

① "时光荏苒"（ليت الشباب يعود, Layta al-Shabāb Ya'ūd）是一句阿拉伯文中的谚语，字面意思为"年少时光不再来"。

伯语里是"忧郁症"的意思，从词根上理解，也可能是"黑色"之意。到苏韦达当地旅行之后，我看到了很多由黑色石头筑成的古建筑，因此便揣测苏韦达或许就是"黑石之地"的意思。

2005年3月的一天，我和三位友人从大马士革坐车到苏韦达旅行，第一站就是高奈瓦特。

高奈瓦特（القنوات, al-Qanawāt）位于豪兰山区，海拔约1200米，是苏韦达市东北方向的一个村子，距离市区约7公里，2004年的时候按官方统计有8000多人口。"高奈瓦特"在阿文中是"水渠"的意思，因当地留存有众多罗马时期的水渠而得名。

高奈瓦特的拉布斯神庙全景图，可见其规模很大

我们在苏韦达长途车站打了一辆出租车，司机听说要去高奈瓦特，就直接把我们送到了拉布斯神庙入口。这是一处今天位于村落中间的古迹，也是该地区现存最雄伟的古建筑。整个神庙用黑色的石头筑成，虽然已经坍塌殆尽，只剩下部分墙壁和石柱依然屹立不倒，但还是能看得出当年宏

大的规模及气势。拉布斯是多神崇拜时期的一位当地主神，根据神庙石头上雕刻的十字能判断出，这个神庙在后来被改造成了基督教堂。我们在神庙的一侧还看到了一处"下沉式"的地宫状建筑，且有两具出土的石棺，其中的一个雕刻有三个十字架，不知道其主人是否为当年的基督教圣徒或当地主教。

现在的高奈瓦特位于几个村落之间，很不起眼，但这个古城有着近4000年的历史。公元前后，阿拉伯的奈伯特人在这里按照罗马方式修建城市，命名为"卡纳萨"（Canatha）。当时的卡纳萨加入了该地区所谓的"十城联盟"（Decapolis），即十个半自治的罗马城市组成的一个松散联盟。这个联盟位于地中海东岸，北起大马士革，南至当时的费城（Philadelphia），即今天约旦的首都安曼，卡纳萨居于相对靠北的位置。公元1世纪，十城联盟瓦解，其成员都归罗马帝国的统治。公元5世纪，卡纳萨成为一个地区性的基督教中心，据说当时还有不少信徒每年来此地朝觐。

远处是拉布斯神庙的大门，左下方刻有十字架的石块记载着神庙演变为基督教教堂的历史

结束了拉布斯神庙之旅，我们便沿着罗马遗址的印记，信步探访曾经的卡纳萨古城。没走多远我们就来到了一个河谷，这里有流经当年古城的一条小河，河面虽然不宽，但水量还比较充沛。根据河谷两侧散落的大量石块，能判断出当年沿河两岸修建有许多房屋。或许除了取水方便，当时卡纳萨的居民们就已经懂得享受景观房。在河谷的一侧，我们看到了一个半浸入水中的方形建筑，目前仅剩两面墙壁依然矗立，后来得知这是当年的水神庙。水神庙的设计非常精巧，一条引水渠把河水引来，然后在一侧墙壁中间开口的位置将水导入神庙内部的水池里。

河谷一侧的水神庙遗址

　　再往前走不远，就能看到一个小巧玲珑的剧场。这个剧场依河谷的山坡而建，虽然已经较为残破，但是当初的形态依然清晰可见：舞台总体上呈半圆形，观众席一共只有九层。我注意到剧场的正前方能看到一条明渠，不知把河水引到何方。由剧场的规模可知，当时卡纳萨的居民人数并不多，但作为罗马古城，剧场是必不可少的。可以想象，当年居民观看演出的时候，还有一旁水渠中流水的声音作为伴奏，实在是妙不可言。

只有九层看台的小罗马剧场

小巧的罗马剧场，注意正前方的引水渠

总之，这片河谷的建筑都浸染着水的灵气。不管是水神庙还是附带引水渠的罗马剧场，这里能看出1000多年来逐渐破败至今的状态。我突然想到，如果是在中国，这个地方大概率会被开发并修复成类似于"罗马水灵河谷"一类的风景区。此外，看到这些水渠之后，我终于明白了为什么阿拉伯人击败东罗马帝国统治这里后，会把此地叫作高奈瓦特——水渠城。

637年阿拉伯人开始统治卡纳萨。进入伊斯兰时期后，此地逐渐改称为高奈瓦特，其发展也颇具戏剧性：先是高奈瓦特开始了一个逐渐衰落的过程，到9世纪已经变成了一个小村庄。及至奥斯曼帝国初期，按照1596年的人口统计，这个地方仅有12户穆斯林和5户基督徒的居民，到17、18世纪，高奈瓦特已经完全沦为荒无人烟的地方。然而，从19世纪上半叶开始，发源于黎巴嫩山区的德鲁兹人开始向此地迁徙，经过了几十年的时间，高奈瓦特竟成为一个当地较大的德鲁兹人聚居地。

或许是因为德鲁兹人特殊的宗教习俗，加上当地为数不少的基督教徒，在叙利亚内战中，苏韦达保持了相对的中立，其他各派武装势力都难以染指，高奈瓦特等历史古迹也得以幸存，让人感到一丝欣慰。

拉布斯神庙精美的大门

菲利普之城——舍赫巴

到苏韦达旅行，舍赫巴是值得一看的地方，这里曾是一座有着独特历史的罗马古城。

舍赫巴（شهبا，Shahbā）是位于苏韦达市以北约20公里的一座小城，距离首都大马士革约87公里，按照2004年的人口统计，这里有大约1.5万居民，多是德鲁兹人和基督教徒，他们基本以农业为生。

虽然是一座不起眼的小城，但舍赫巴出了叙利亚历史上的一位名人——公元3世纪的罗马帝国皇帝菲利普，通常被称作阿拉伯人菲利普（Philip the Arab）。

当时的舍赫巴是罗马帝国东部的边陲行省——阿拉比亚省的一个小村子，省会是拥有壮丽罗马剧场的古城布斯拉（Bosra）。此地能走出一位罗马皇帝是相当不易的，而菲利普也改变了这座城市的命运。

公元204年，菲利普出生于舍赫巴的一个普通家庭，通过多年的戎马生涯，终于做到了禁卫军首领。244年，正在带领大军与波斯萨珊王朝作战的皇帝戈尔迪安三世（Gordian III）离奇死亡后，阿拉伯人菲利普便被自己的战士们推举为皇帝。

成为皇帝之后不久，菲利普便开始在自己的家乡营造一座新城，并将其命名为菲利普城（菲利普波利斯，Philippopolis）。这是一个典型的罗马城市，总体上呈较为工整的正方形，有东南西北四个门和十字交叉的两条主干道。菲利普城的石材取自附近的黑色玄武岩，据说是罗马帝国在其东部地区新建的最后一座城市。

我们当年在这里游览的第一站是舍赫巴博物馆。博物馆位于罗马老城居中的位置，面积不大，但是藏有大量精美的马赛克画，大部分的主题是当时居民所崇拜的诸神故事。我们在里面还看到了菲利普皇帝的头像，毕竟他是这座城市的缔造者。

菲利普皇帝的头像，摄于舍赫巴博物馆

菲利普波利斯的面积并不大，长和宽大约都是1公里，现存的几个主要的罗马建筑相距都不远。出了博物馆，我们先是来到了馆附近的古浴室，大门甚是宏伟，但非常残破，几乎看不出当年的轮廓了。由于无人值守和维护，我们径直走进去，发现其中一个残破的隔间里竟然还有附近居民喂养的一群鸡在觅食。

　　再往东走不远，便是整个古城保存最完好的罗马建筑——古剧场。这个剧场依旁边的一个土坡而建，观众区呈半圆形，共有九层看台，正前方的舞台基本保存完好。舍赫巴剧场和距离此地不远处的高奈瓦特古罗马剧场的构造十分接近，或许是仿制高奈瓦特剧场而建造，但保存状况要好很多。当时这个罗马剧场无人值守，可以随意参观，游人也很少，除了我们，只有一位外国女游客坐在看台中间靠上的位置。虽然天气阴冷，但我注意到她良久未动，似乎这位游客正坐在古剧场里回味自己曾经的故事。

　　紧挨着罗马剧场北面的就是神庙，在舍赫巴所在的豪兰地区，这种神庙通常被称作Kalybe。据说是因为其神像不似其他地方被供奉在室内，而是被安置在神庙的前面，而且往往庙前还有一个广场，供信徒们聚集。舍赫巴神庙的拱顶已经坍塌，但是墙壁和庙前广场保存完好。据说当年这个神庙曾被菲利普皇帝改造为他的家族宗庙，但这一点已无从考证了。

　　结束了博物馆、浴室、古剧场和神庙的游览，我们便开始游走于古城的外围，去探索城门和城墙。前文说到，菲利普波利斯是近似于正方形的布局，加上南北东西干道，其实很接近中文的"田"字，是个规划整齐、面积不大而又五脏俱全的罗马城市。我们先探访的是古城南门，其罗马三拱门的形态保存完好，走到北门的时候，发现三个拱门都已经坍塌，只剩下四段墙基。虽然菲利普波利斯的城墙大多已经坍塌，但是遗址尚存，当地政府沿着城墙外围修了条环城公路。

保存较完好的舍赫巴古罗马剧场，当时除了我们，只有一位外国女游客

古城西南段的城墙遗址，可见环城路。墙内的三层新建楼房是一个学校

公元3世纪对罗马帝国而言是一个动荡的时代，政权更迭和军事政变频繁。出身边疆省份的阿拉伯人菲利普在公元244年攫取皇位之后，或许也深感世事无常，因此迅速下令开始在自己家乡营造新城。虽然菲利普谈不上好大喜功，而且新城菲利普波利斯的规模并不大，但这毕竟也是一笔巨额花费，导致了国家的财政紧张和税赋增加，在一定程度上加速了菲利普的倒台。

公元249年菲利普皇帝遭遇政变被杀身亡的时候，菲利普波利斯这座城市的建设虽然尚未彻底完工，但已经基本建成，菲利普皇帝的塑像在神庙前已经树立起来。然而，这座城市的建设随着皇权更迭戛然而止，在以后的日子里，菲利普波利斯迅速衰落，以至于后来沦为无人居住的废墟。

19世纪上半叶德鲁兹人从黎巴嫩山区向豪兰大量移民的时候，荒废了上千年的舍赫巴也成为他们的目标，毕竟先前罗马城市的底子尚存，有铺好的道路，很多建筑及建材都可以借用，便于迅速建立起民居。这也就是为什么今天我们在舍赫巴还能看到大量基于当年罗马建筑修建起来的民宅，而且依然有人居住。

正如阿拉伯人菲利普的皇帝生涯一样，以他的名字命名的城市菲利普波利斯——也就是今天的舍赫巴经历了迅速兴起、短暂辉煌和快速衰落，以至于后来沦为废墟，令人感慨。

舍赫巴古城浴室的大门

古城南门，保存较完好

神庙及庙前广场

修筑在古罗马建筑之上的现代民宅　摄影：廉超群

最南端的古迹——萨勒赫德城堡

2005年3月，我和廉老师第二次去布斯拉旅行，为的是重温一下那令人惊叹的罗马剧场。参观完毕从剧场出来之后，我们在附近吃了午餐，发现还有些时间，于是我提议去苏韦达的萨勒赫德城堡看看，廉老师表示赞同。现在回想起来，当天旅行的主要方式居然是"静坐"——在布斯拉罗马剧场和萨勒赫德城堡的主要活动基本上是静静地坐着，想来也是一种旅行体验吧。

从布斯拉罗马剧场坐上出租车没多久，便从德拉省的平原地区进入了苏韦达省的丘陵地带，大约过了40分钟，我们就到达了目的地萨勒赫德城堡。萨勒赫德（صلخد, Şalkhad），位于豪兰山区，海拔1300多米，是叙利亚最南端的一个城镇，大约有人口15000。其实在进入萨勒赫德镇之前，我们便从很远处看到了位于镇子中心的城堡——这个地方我和廉老师去造访之前仅仅在地图上看到过地名，连一张照片都不曾见过，不过我们知道那里算得上是叙利亚最南端的一处历史古迹。

从城堡上俯瞰萨勒赫德

萨勒赫德是个古地名，也就是在圣经里数次提到的撒迦（Salecah），即巴珊（Bashan）地区的一个城镇。[①]公元前后，这里曾是奈伯特人居住的一个繁荣的城市，被并入罗马的阿拉比亚行省之后，也一直是一个重要的地区城镇，至今在萨勒赫德镇，还能看到不少由古老的罗马建筑改造而成的民宅。进入伊斯兰时期后，萨勒赫德逐渐衰落，16世纪末，按照奥斯曼帝国当地政府的统计，此地仅有数百名居民，其中一半是穆斯林，一半是基督徒。

　　从19世纪开始，和豪兰的其他地区一样，德鲁兹人开始从黎巴嫩山区向这里大量迁徙。20世纪初，萨勒赫德成为叙利亚法国委任统治当局扶植的"德鲁兹山区州"（Jabal Druze State, 1921—1936年）的一部分。这个"德鲁兹山区州"是法国委任统治期间实施"分而治之"政策的产物，主要是由德鲁兹人、基督教徒加上少量的逊尼派穆斯林组成的自治领地。萨勒赫德城堡由于居高临下的重要地理位置，成为法国人当年的军事要塞。

仰望萨勒赫德城堡，可见山顶上一个后来修建的监控塔

---

① 其中的一处譬如："又有基列地、基述人、玛迦人的地界，并黑门全山，巴珊全地，直到撒迦。"《旧约·约书亚记》13：11。

虽然镇上还有萨勒赫德大清真寺宣礼塔等古迹，但我们已无暇顾及，出租车径直开到了城堡脚下。这个城堡依山而建，海拔约1450米，下面有一条公路环绕，其外形酷似一小一大两个削去尖头的圆锥体上下叠在一起，下半部分是缓坡，上半部分是陡坡且有城堡建筑。根据山坡上随处可见的火山岩能判断出这是一个死火山。缓坡是天然的，而上面的陡坡则应该是千百年来当地居民为了加强防御，人为在接近峰顶的周边地带不断开凿而造成的结果。

我和廉老师先围着萨勒赫德城堡陡坡下面的小路转了一圈。这个城堡面积不小，坍塌虽然很严重，但依然保存了一部分护坡石，而且能看得出来当年靠近堡垒处护坡的角度非常陡峭，易守难攻。除了护坡石，有些地方还保存有射箭孔，位于靠近陡坡顶端的位置，能看出是通过地下通道连接城堡地面的。城堡上的几个塔楼还依稀可见，但是都已经坍塌了。

此处是无人值守的，我和廉老师用了大约10分钟沿着一条小路爬到城堡上面。萨勒赫德城堡上到处可见黑色火山岩的建筑遗迹，据说这里曾经修筑有大厅、地下通道、清真寺和三层的高楼，但目前除了一个后来新建的岗楼状建筑，整个城堡已经彻底沦为废墟，完全看不出当年的形态了。根据我的推测，近代这里也必然有不少当地居民居住，后来出于文物保护的目的，在城堡内部进行了拆迁和清理。

处于居高临下和震慑周边这一得天独厚的地理位置，据记载，此处从罗马时期就修建有军事设施。今天能看到的萨勒赫德城堡遗迹可以追溯到公元12世纪。据说法帖梅王朝的哈里发穆斯坦绥尔（المستنصر, al-Mustanṣir）在这里筑堡。1187年，大英雄萨拉丁在赫淀战役中击败十字军后开始统治此地，随后，为了对抗十字军的威胁，由萨拉丁开创的艾优卜王朝于1214年至1247年在萨勒赫德的这个山丘上修建了坚固的城堡，也奠定了今天城堡遗迹的基础——其陡峭的护坡不禁让人联想到十字军修筑的骑士堡，两者明显是同一时期的产物。再后来，1260年战胜蒙古军队之后，麦木鲁克素丹拜伯尔斯开始统治这里。

一片保存较好的护坡石，
陡峭的程度令人惊叹

萨勒赫德城堡上的现状，当时还有几个当地游客也爬上城堡游览

城堡上面过于残破，但是在那里能俯瞰周边的萨勒赫德镇，苏韦达绿色的丘陵山区也尽收眼底，景色绝佳。坐在死火山顶上的城堡废墟里，豪兰地区三月的风吹在脸上，温和中略带一丝凉意。彼时，我和廉老师都发觉这里是个发呆的好地方。

就这样静静地坐着，在叙利亚最南端的一个古城堡上面，我们各自陷入沉思。直到夕阳西下，我和廉老师才开始下山并返回大马士革。这么多年来，不曾再次感受过那种极度安静的体验，竟成了萨勒赫德城堡在我内心深处最难忘的回忆。

准备离开城堡时已经日薄西山，远处可见塔楼遗址，护坡上的射箭孔清晰可见

中 部 地 区

霍姆斯省

哈立德之城——霍姆斯

"我曾身经百战，浑身上下全是刀、箭和长矛留下的累累伤痕。今日我竟然要在病榻上寿终正寝，那些胆怯者们终于可以安睡了"[①]。据说这是阿拉伯历史上最出色的将领之一——哈立德·本·韦立德（خالد بن الوليد，Khālid bun al-Walīd）公元642年在叙利亚城市霍姆斯（حمص，Ḥumṣ）去世前说的最后一句话，至今仍被刻在哈立德清真寺的一块石碑之上。

哈立德或许是霍姆斯最著名的人物了。在准备写这个城市的时候，我的心突然感到一阵刺痛，因为霍姆斯是叙利亚内战中受损最严重的城市之一，市区有超过一半的建筑沦为废墟。"战神"级的人物哈立德曾身经百战，最后在这里寿终正寝，没想到1000多年后，他的陵墓竟也未能免受叙利亚内战的毁坏……

内战前，霍姆斯曾有100多万人口，是叙利亚的第三大城市，现在是什么情况已经不得而知了。这个城市大体上位于叙利亚的中西部，从这里出发，东到巴尔米拉、代尔祖尔等叙利亚腹地，西至塔尔图斯等地中海沿岸城市，南抵首都大马士革，北达重镇阿勒颇，虽然地理位置偏西，但却是叙利亚陆上交通的中心——这或许也解释了为何内战期间对这里的争夺

---

① 原文是 "لقد شهدت مئة زحف أو زهاءها، وما في بدني موضع شبر، إلا وفيه ضربة بسيف أو رمية بسهم أو طعنة برمح وهاأنذا أموت على فراشي حتف أنفي فلا نامت أعين الجبناء."

140

如此激烈。作为一个城市，霍姆斯早在距今2000多年前的塞琉古王朝就已经存在了，尔后在罗马时期也很繁荣，直至被阿拉伯人征服的时候，这个城市的名字叫作埃麦萨（Emesa）。

霍姆斯老城的一段城墙，能看到圆形塔楼（马面），不确定是否至今尚存

公元637年，阿拉伯将领哈立德在带兵围城的形势下，接受了71000个第纳尔的赎金，并担保城内居民的安全，从而兵不血刃地进入霍姆斯。在此后1000多年的伊斯兰时期，霍姆斯逐渐形成了逊尼派、阿拉维派穆斯林和基督徒多元宗教和谐共处的社会结构。

我和廉老师于2005年1月游历至此。还记得那天是个阳光灿烂的日子——地中海气候的冬天，能晒到太阳是件很惬意的事情。我们先沿着老城现存的一段黑色城墙走了走，看到了修筑在城墙和一个圆形塔楼上的"四十清真寺"（جامع الأربعين, Jāmi' al-'Arba'īn）。我仔细看了看清真寺的铭牌，上面写着"公元1157年地震之后，努尔丁素丹重修了城墙和塔楼，公元1569年，埃米尔[①]侯赛因·库哲基（حسين الكوجكي, Ḥusayn al-Kūjkī）修缮了此清真寺，并在附近的城墙和塔楼上，为孤儿学生们修建了学校和住宅。"

筑在霍姆斯城墙上的"四十清真寺"，其宣礼塔修建在一个塔楼上

　　随后我们走到了当地著名的新钟楼广场，那里一看便知是近代老城的市中心。之所以叫"新钟楼"，是因为霍姆斯以前还有个"旧钟楼"——其形状很简单，就是一根铁柱子，上面挂了四个时钟。叙利亚内战前夕，新钟楼广场也曾是抗议人群的聚集地。

　　造访霍姆斯，一定要去当地最著名的历史古迹——哈立德清真寺看看。霍姆斯的很多建筑都以哈立德命名，比如内战前的市立足球场就叫"哈立德体育场"，甚至哈立德清真寺一带的街区就被称作"哈利迪叶"（الخالدية, al-Khālidīyah, 即哈立德区的意思）。

---

① 埃米尔（أمير, 'Amīr,），原意是军事领袖（字面意思为"发布命令之人"），这里指的是奥斯曼帝国时期的地方行政长官。

霍姆斯市的新钟楼广场

　　哈立德·本·韦立德于公元592年出生于麦加（位于今沙特阿拉伯），他从早年就追随先知穆罕默德，是著名的大圣门弟子。哈立德是伊斯兰早期历史上的著名将领，他不仅勇武过人，而且是极富战略智慧的军事家。他曾经主导过多个著名战役，包括公元636年击溃东罗马军队主力的雅穆克之战①。哈立德卓越的军事才能，为阿拉伯人击败东罗马帝国和波斯帝国，夺取叙利亚和伊拉克地区立下了汗马功劳，因此被尊为"出鞘的真主之剑"（سيف الله المسلول, Sayf Allah al-Maslūl）。

　　占领霍姆斯之后，哈立德就带兵驻守在这里，直到他于642年去世。在哈立德及其儿子阿卜杜·拉合曼陵墓的基础上，形成了哈立德清真寺，另一位大圣门弟子——第二任哈里发欧迈尔的儿子欧拜德（عبيد الله بن عمر بن الخطاب, ‘Ubayd Allah bun ‘Umar bun al-Khaṭṭāb）也葬在这里。

---

① 雅穆克（اليرموك, al-Yarmūk）战役因发生在雅穆克河谷而得名，雅穆克河是约旦河的支流。

哈立德清真寺，远观呈现典型的奥斯曼建筑风格，近看也有麦木鲁克建筑的遗风

初见哈立德清真寺，我和廉老师都发现其明显的奥斯曼建筑风格，尤其是两个又细又高的宣礼塔。主体建筑——礼拜殿的正上方有一个巨大的银色圆形穹顶，另有八个较小的穹顶拱卫在周围。这些穹顶给人的感觉很像伊斯坦布尔的那些清真寺，只不过这里的穹顶被装饰成亮银色，而非土耳其的那些青灰色穹顶。礼拜殿的大门饰以彩色条石，能看出麦木鲁克建筑的遗风。旁边庭院的地面和柱廊一律用黑色和白色的大理石砌成，据说这种黑白相间的色调是霍姆斯地区的特色。

我们随即进入清真寺，当天的大殿里只有寥寥几人。其内部装饰很肃穆，墙壁和房顶都涂成白色，除了一个壁龛和讲坛，偌大的礼拜殿里就只有两处陵墓了，显得空空荡荡。最显眼的自然是哈立德墓，其主体是一个青白色大理石砌成的正方形建筑，上面有一个绿色的穹顶，形状和伍麦叶清真大寺里的施洗约翰头颅冢颇为相似。透过墓室的窗户，能看到里面的两个棺椁，大一点的是哈立德的，上面披着绿色帷幕，绣着阿拉伯文和一柄宝剑，棺椁的首尾还各放着一柄镶着宝石的宝剑；旁边较小的棺椁的主人是哈立德的儿子阿卜杜·拉合曼，也用绿色的帷幕覆盖。在大殿的一角，放置着伊斯兰历史上第二任哈里发欧迈尔的儿子——欧拜德的棺椁，其构造相对于哈立德墓较为简单：外面只有一个铁栏杆，上面还挂着哈立德慈善基金会的捐款箱（这在中国的清真寺里通常叫作"乜贴"）。

透过墓室窗户看哈立德的棺椁

　　清真寺现存的主体建筑始建于麦木鲁克时期，素丹拜伯尔斯于公元1265年修建哈立德清真寺，麦木鲁克素丹们都是逊尼派军事贵族，对于哈立德这样的"战神"级人物自然尤为敬仰。奥斯曼帝国素丹阿卜杜·哈米德二世统治期间，大约在1908年对哈立德清真寺进行了大规模的修缮，这就是为什么清真寺的现存建筑以奥斯曼风格为主，兼有麦木鲁克遗风的缘由。

　　2011年叙利亚内战爆发后，哈立德清真寺很快被反对派武装占领。叙政府军认为该清真寺已经被改造为反对派武装的藏匿据点和军火库，因此虽然手下留情（相较于周边的建筑），但哈立德清真寺依然在交火中受损不小，一个宣礼塔被火箭弹击中，所幸没有倒掉。礼拜殿的中央穹顶被数枚弹药击穿。虽然主体建筑幸存了下来，但可惜的是，大殿里的哈立德墓彻底坍塌且毁于兵火。

2013年7月，叙政府军夺回了满目疮痍的哈立德清真寺。前两年看到新闻，说这个清真寺已经优先得到修缮，并对外开放了，只不过礼拜殿里的样子已经不复从前，哈立德墓也得到重修，但仅收敛了以前石头棺椁的一部分残骸。

1300多年以来，阿拉伯"战神"哈立德都安息在他逝世的城市——霍姆斯，没想到进入21世纪，竟然没能逃过陵墓被毁的命运。内战之前，哈立德清真寺周边有很大一片的绿地和广场，环境颇为优美，周边的居民也都喜欢在清真寺附近休憩。直到本书写作的今天，虽然哈立德清真寺已经重开，但其周边的街区依然全部是残骸——鬼城一样的场景。我想，自己如果回到霍姆斯并目睹这一幕，必定会潸然泪下。

曾经的哈立德墓，位于清真寺礼拜殿内，已毁于叙利亚内战

回忆巴尔米拉

巴尔米拉古城的标志性建筑——大拱门，2015年被炸毁

"啊，多么辉煌，那灿烂的阳光；暴风雨过去后，天空多晴朗。"——回忆巴尔米拉时，竟让人想起这句歌词。

巴尔米拉是公认的叙利亚最雄伟的历史古迹，也是个神奇的地方。十几年后念及此地的时候，一方面我的头脑中充斥着"壮丽""辉煌""叹为观止""Magnificent"等词汇，另一方面又不由得想起"伊斯兰国"武装分子炸毁巴勒沙明神庙（Baalshamin's Temple）时腾起巨大黑色烟雾的画面。有人说从那黑烟中分明看出了死神撒旦的狞笑……

这座古城在阿拉伯语里叫泰德穆尔（تدمر, Tadmur），在希腊罗马语言里叫作巴尔米拉（Palmyra），都是"椰枣林之城"的意思。[1]其历史至少能追溯到公元前9世纪，有3000年的历史。

---

① "泰德穆尔"源自古老的西亚语言，其含义有很多种解释，一说在阿拉马语中的含义是"奇迹之地"。

祭祀天空之神的巴勒沙明神庙，2015年被炸毁

作为西亚地区的著名古城，同时也是联合国教科文组织评定的世界文化遗产，巴尔米拉一直以来被称为"沙漠珍珠"。由于地处古代丝绸之路上连接中国、中亚和地中海世界的交通要枢，该城市的商业曾经极为发达，凭借着巨额的财富积累，在这里建立了极为宏伟的建筑。作为一个"东西逢源"的城市，巴尔米拉既受到古代叙利亚、两河流域和波斯等地文化的影响，又深受希腊罗马文化的熏陶，成为不折不扣的文化熔炉。在这座城市最兴盛的时代，当地人普遍讲巴尔米拉语，这是阿拉马语的一种方言，有着独特的字母表，是巴尔米拉文化的载体。

公元1世纪，巴尔米拉成为罗马帝国的属国。公元3世纪，在国王伍得奈斯（Odaenathus）及王后齐诺比雅（Zenobia）统治时期，这座古城达到其历史上辉煌的顶点，并脱离罗马形成了事实上独立的巴尔米拉王国。这个王国极盛时期的疆域很大，北至小亚细亚，南到埃及。据说当时首都巴尔米拉城的人口曾达到20万。

传奇女王齐诺比雅统治巴尔米拉时期，曾反抗并挑战罗马帝国的权威，但最终战败被俘。罗马军队于公元272年攻克巴尔米拉并在一年以后摧毁了这座城市，从此巴尔米拉一蹶不振，这也成了这座城市历史上的转折点。

在罗马皇帝戴克里先（Diocletian）统治时期，巴尔米拉得到重建，但是再也不复当年丝绸之路上沙漠珍珠的辉煌，城市的人口大为减少，逐渐成为罗马边境上的一个军事要塞。

公元12世纪，由于当时整个地区战乱频繁，依托极为高大和坚固的外墙，巴尔米拉的巴勒神庙（Temple of Baal）被改造为一个军事要塞，当地的军民都搬到神庙的外墙内居住。

艾优卜王朝时期，大约公元1230年前后，当地统治者穆贾希德二世（المجاهد الثاني, al-Mujāhid al-Thāni）在巴尔米拉古城附近的一座山上修建城堡。公元1630年，当时黎巴嫩的统治者法赫鲁丁二世（فخر الدين الثاني, Fakhr-al-Dīn al-Thāni）控制了巴尔米拉，并且重修了这座城堡，形成了今天在古迹区举目可见的法赫鲁丁城堡。

巴勒神庙的一段外墙。大块石头是原先神庙外墙的一部分，极为高大，低矮细碎的石头是后来为了修建军事要塞补上的部分

法国委任统治期间，由于逐渐认识到巴尔米拉古城的考古和文化价值，当局在1932年将所有的居民从古迹区迁出至旁边的巴尔米拉新城，以便对古城进行发掘。后经过考古工作者多年的努力工作和修复，终于在一定程度上复原了巴尔米拉古迹的壮丽风采。

　　我和几位同学是2004年11月去的巴尔米拉，当时正值叙利亚的秋季，气温适宜，天空晴朗，非常适合旅行。上午从大马士革出发，到达目的地的时候已经是下午两点多了，我们一下车便迫不及待地奔向古迹区。眼前的景象令人震撼和动容：在远处椰枣树林的环绕下，整个巴尔米拉古城全部由金黄色的巨石筑成，在午后阳光的照射和碧蓝天空的衬托下，显得熠熠生辉。

　　或许因为是罗马帝国边城的缘故，也可能是当地的地理情况使然，和许多其他地方的罗马古城不同，巴尔米拉的外部轮廓是一个从西北向东南方向延伸的长条状不规则形状。现存的城墙是公元3世纪末罗马皇帝戴克里先时期修筑的。古城的东南角是巨大的巴勒神庙，雄伟的柱廊及直街贯穿整个巴尔米拉。

　　我们的旅程是从巴勒神庙开始的。巴勒是巴尔米拉的主神，其信仰发源于两河流域。这个神庙始建于公元32年，外墙呈正方形，长宽都是约200米，供奉巴勒神的神殿居于核心。该神庙在后世的基督教和伊斯兰时期，还分别被改造为基督教堂和清真寺。

　　巴勒神庙极为雄伟，令我震撼不已。12世纪这里被改造为军事要塞后，当地的穆斯林统治者对原来的庙墙进行了修补，把早先宏伟的外墙大门也做了改造：出于防卫的目的，大门几乎被堵住，只留下一个小门便于人员进出。直到近代，外墙以内还有好多居民，后来出于文物发掘和保护的目的，这些住户都被迁至古迹区以外。在前文提到大马士革古城墙的时候，我们也曾说过，这些住户的居住会对古迹造成破坏，但同时也是一种保护。

　　按照罗马神庙的标准，外墙和神殿之间还应该有内墙，但这里的内墙已经完全消失了。当我们看到居于核心的神殿后都非常兴奋，最引人注目的是其宏伟的长方形大门，非常壮观。这种神殿大门的体量极大，走到其近前的时候，能给人巨大的震撼，会让我们感受到神的伟大和人的渺小——我后来在黎巴嫩巴勒贝克游览朱庇特神庙时，也不禁发出了同样的感慨。十多年后，我在北京西北四环的海淀桥一带闲逛，偶然看到早先的海淀图书城已被改造为他用，图书城大街的北门处赫然树立起了一个白色的大门，上面写着"中关村创业大街"。这个大门的形状竟然让我联想到自己在万里之外的西亚曾经看过的罗马神殿大门……

巴勒神殿呈长方形，正门两侧各有两扇窗户，进入神殿内部，还能看到当年放置神像的壁龛，我在墙上发现了一处保存较为完好的石雕，上面的椰枣树、祭台和贡品清晰可见。极为不幸的是，2015年"伊斯兰国"武装分子占领巴尔米拉后，竟赫然炸毁了有着约2000年历史的巴勒神殿，令全世界震惊不已。只有神殿大门屹立不倒，幸存至今。

宏伟的巴勒神庙的神殿，有约2000年的历史，毁于2015年，目前仅剩下大门屹立不倒

巴勒神庙的神殿内部，可见墙壁上的巨大壁龛，该神殿于2015年被炸毁

巴勒神殿内部一处较为完整的石雕，可见各种贡品、椰枣树和祭台，还有一尊神像

结束了巴勒神庙的游览，走出外墙大门之后，我们远远地看到了巴尔米拉标志性的建筑——大拱门。这个建筑是典型的罗马三拱门样式，始建于公元3世纪，20世纪30年代的时候得到了文物学者的修复。但凡来到巴尔米拉的游客，都会在此拍照留念。可惜的是，这一巴尔米拉古城的标志性建筑，于2015年被"伊斯兰国"武装分子炸毁了。

大拱门是著名的巴尔米拉柱廊的起点，这个柱廊位于古城内直街的两侧，长达1.2公里，至今还保存着很多高大的石柱。巴尔米拉的柱廊也全部用黄色的石头筑成，在阳光的照射下可谓金碧辉煌。放眼整个叙利亚，若论及最有名的罗马柱廊，一处是哈马省的阿法米亚古城的白色大柱廊，一处就是巴尔米拉的金黄色大柱廊。

进入大拱门，沿着廊柱往前（西北方向）走不远，路左边就是纳布神庙（Temple of Nabu）。纳布是两河流域人民崇拜的智慧之神，也掌管人类的命运。巴尔米拉的纳布神庙很有特点，外侧能看到高耸的大门遗址，但其内部核心的神殿，却是一个看起来貌似微缩版的小型建筑，让人觉得颇为有趣。

巴尔米拉的金黄色大柱廊遗址，极为壮观

智慧之神——纳布的神庙，可见中间小巧可爱的神殿

154

顺着直街继续前进，路右手边即是戴克里先浴室（Diocletian Baths），经过了1000多年，还能在地上看到当年的陶制水管。再往前走，路左边就是巴尔米拉的另一处标志性建筑——罗马剧场。巴尔米拉的罗马剧场呈半圆形，始建于公元2世纪，其面积不是很大，但颇为精致。巴尔米拉古城逐渐荒废的1000多年里，这个剧场也被淹没在风沙之中，1950—1952年，考古学家将其从沙土中发掘出来，并进行了修复。

　　说起这个罗马剧场，前几年也发生了一段辛酸往事。2015年，"伊斯兰国"武装分子占领了巴尔米拉。作为曾经的艺术表演场所，巴尔米拉剧场竟被当作"宣布罪行"和公开行刑的地方。后来叙政府军夺回了巴尔米拉，俄罗斯的一个乐团还在这里进行了交响乐演出，罗马剧场总算恢复了原先的用途。好景不长，2016年年底，"伊斯兰国"武装分子卷土重来，可能是出于报复，竟将剧场的核心建筑——舞台的正门炸毁……

巴尔米拉的罗马剧场，图中左上方的舞台正门于2016年年底被炸毁

再往前就是位于直街中间十字路口的典型建筑——四塔门（Tetrapylon）。四塔门是整个古城地面十字交通的中心。巴尔米拉的四塔门共有四个类似于亭子的建筑，每个亭子里都有一尊神像。整个建筑共有16根柱子，1000多年来屹立不倒的只有两根柱子，后来经过考古学家们的努力，整个四塔门全部被修复。或许是这几尊残存的神像"惹的祸"，2015年"伊斯兰国"武装分子第一次占领巴尔米拉时，四塔门就被炸毁了，至今只残存四根柱子依然屹立。

地面交通的中心——曾经经过修复的美丽的四塔门，2015年被炸毁

站在四塔门向东北方向望去，巴勒沙明神庙跃入眼帘。这个神庙始建于公元131年，是祭祀天空之神巴勒沙明的地方。在历史上，随着基督教的逐渐普及，巴勒沙明神庙在公元5世纪被改造为一个基督教堂，整个建筑也一直保存得较为完好。

巴勒沙明神庙呈长方形，正面有四根柱子，侧面有六根立柱。站在门口的栅栏向内望去，能看到当年多神教时期的祭台。让我印象深刻的是，从神庙内部坚硬的地板缝隙中竟长出了一棵树，郁郁葱葱，给天空之神的神庙增加了不少活力。遗憾的是，2015年，巴勒沙明神庙连同内部的那棵生命之树一起被炸毁了。

站在四塔门向直街和柱廊的尽头望去，能看到一座酷似神庙的建筑，被近代考古学家称为86号墓葬庙（The Funerary Temple No. 86）。这个优美的建筑始建于公元3世纪，侧面有六根石柱。其内部有一个地下墓穴，墓主的身份尚无定论，但必定不是凡人，因为此处是城墙以内唯一的墓室。

86号墓葬庙，远处山上的法赫鲁丁城堡清晰可见

墓葬庙的西南侧就是著名的拉特女神庙（Temple of al-Lat），始建于公元2世纪。拉特是阿拉伯人在伊斯兰时期之前所信奉的一位女神，主管战争与和平。塑像的造型通常持一件兵器和盾牌，并随身带着狮子。后来基督教成为罗马帝国的主流宗教之后，这个神庙并没有被转变为基督教堂，而是直接荒废掉了。虽然今天只剩下断壁颓垣，但依稀能看出当年的壮观气象。

掌管战争与和平的拉特女神雕塑，女神持长矛和盾牌，左右两侧各有一只狮子，拍摄于叙利亚大马士革国家博物馆，最下方是巴尔米拉语（阿拉马语的一种方言）

在拉特女神庙的后面，也就是整个古城的西北角位置，就是曾经的戴克里先营地（Diocletian's Camp）。这个营地建于公元293年至公元305年，是巴尔米拉王国的齐诺比雅女王战败后，罗马皇帝戴克里先重修巴尔米拉时设置的军营。戴克里先营地的很大一部分位于山坡上，早先的建筑至今几乎都不见踪迹了。

巴尔米拉的城墙始建于公元1世纪，现存的城墙遗址是公元273年之后，罗马戴克里先皇帝下令重修巴尔米拉时所修筑的。据说仅囊括了原先的直街和一些神庙等核心建筑，比巴尔米拉王国极盛时期的面积缩小了很多。

在本次旅程的最后一站，我和同伴们穿过已经沦为废墟的城墙，进入墓地谷（Valley of the Tombs）。墓地谷在城墙以外西北方向一个干涸的山谷里，其建筑艺术是整个巴尔米拉文化的重要组成部分。据说，考古学家一共发现了约150个古墓，其形态上主要分为地上塔墓和地下墓穴两种。塔墓出现的时间稍早，主要修建于公元1世纪，后来随着当地墓葬风俗的变化，塔墓逐渐被墓穴取代。

巴尔米拉的塔墓一般都有4层高，其内部是中空的，一般放置着墓主的大理石雕塑，极具特色。这些墓主的雕塑有很多被收藏在巴尔米拉博物馆。不幸的是，2015年博物馆遭到"伊斯兰国"的席卷，大量的精美雕塑或是遭到劫掠被卖到国际文物市场，或是被直接砸烂——其中也包括拉特女神的一尊雕塑，令人心痛不已。

塔墓也未能幸免于"伊斯兰国"的破坏。据统计，共有7个塔墓被炸毁，而且竟然包括整个墓地谷保存较好的3个——我至今还保存着其中2个的照片：建于公元83年的Lamblichus家族塔墓，以及建于公元103年的Elahbe家族塔墓——这也是当年游客参观最多的2个塔墓……

我对巴尔米拉的回忆就暂告一段落了，内心五味杂陈，既想起当年游览古城时的兴奋和满眼的"灿烂辉煌"，又掺杂着十几年后看到许多巴尔米拉文物被毁掉时的心痛。有人统计，整个古城的文物被毁掉了20%至30%，而且很多都是巴尔米拉现存古迹的精华。叙利亚这个西亚文明古国的一部分文化记忆，竟这样被生生抹去了。

最后，还有一件事不得不提。2015年8月，"伊斯兰国"武装分子杀害了年近82岁的叙利亚考古学家、前巴尔米拉博物馆馆长哈立德博士（Khalid Al-Asaad）。哈立德博士是叙利亚当代研究巴尔米拉文化最杰出的学者之一，有着大量的考古发掘成就和诸多论著。据说当时哈立德博士明知道"伊斯兰国"已经逼近巴尔米拉，但毅然选择坚守他一生钟爱的古迹而拒绝撤离。还有人说，叙政府军撤退前曾将一部分文物藏匿起来，而哈立德博士始终拒绝将具体地点透露给"伊斯兰国"武装分子，这也导致了他的杀身之祸。拘押了近60天之后，"伊斯兰国"武装分子将哈立德博士斩首，并陈尸于巴尔米拉闹市。

本篇的最后，让我们含泪致敬这位巴尔米拉历史古迹，也是人类共同文化遗产的守护者。

Elahbe 家族塔墓，曾是整个巴尔米拉保存最好的塔墓，2015 年被炸毁

Lamblichus 家族塔墓的内
部，该建筑于 2015 年被炸毁

巴尔米拉墓地谷的一尊墓主雕塑，拍摄于叙利亚大马士革国家博物馆

伍麦叶余韵——东宫

　　东小宫正门，保存最完整的一个宫门，成为东宫的标志性建筑，后来的很多伊斯兰古城的城门都能找到这个宫门的影子。该门平时上锁，戴头巾者为管理员

东宫的全名叫作"东部花园宫殿"（قصر الحير الشرقي, Qaṣr al-Ḥīr al-Sharqī），通常在口语中简称为"东宫"，位于霍姆斯省泰德穆尔市东北方向约100公里的旷野中①，是伍麦叶王朝第十任哈里发希沙木·本·阿卜杜·麦立克（公元724—743年在任）于728年修建的行宫。伍麦叶王朝是叙利亚在伊斯兰历史上辉煌的顶点，而那个时代留存至今的历史遗迹并不多，其中原汁原味的非东宫莫属。

　　伍麦叶王朝曾在荒漠中修建过一系列宫殿，其中东宫是目前叙利亚境内规模最大、保存最完好的。与东宫相对应的是，哈里发希沙木还在泰德穆尔以西修建的一座行宫，称之为西宫（قصر الحير الغربي, Qaṣr al-Ḥīr al-Gharbī），目前已经荡然无存了。西宫的宫门非常精美，大马士革的叙利亚国家博物馆的正门，就是按照西宫宫门的样式建造的。

　　伍麦叶王朝的荒漠行宫，有些是由原先的罗马要塞改造的，有些是仿照拜占庭或是波斯的样式新建的，东宫修建于伍麦叶后期，已经具备了自己的风格。历史上，不少伍麦叶朝的哈里发通常不在京城大马士革，而是住在这些荒漠行宫里。究其原因，可能出于阿拉伯人游牧民族的本性——喜欢亲近自然和狩猎，也有可能是出于政治或是人身安全上的考虑。这让我想起中国历史上其实也有类似的情况，譬如清朝的好几位皇帝就常住在北京郊区的圆明园、颐和园或是承德的避暑山庄。

　　当时我们去东宫颇费了些周折。我和两位友人先从代尔祖尔坐长途车往泰德穆尔的方向行进，中途在国道边上一个叫苏赫奈（السخنة, al-Sukhnah）的镇子下车，等待了很长时间之后，我们终于设法搭车到达了苏赫奈以北约20公里的一个叫作塔依白（الطيبة, al-Ṭayyibah）的村子。按照地图所示，东宫在塔依白村以东十几公里的地方，但是我们进村之后寻觅了很长时间，也没找到去东宫的车。

---

① "旷野"（البادية, al-Bādiyah），在阿拉伯语中通常指的是"荒漠"的意思，"叙利亚旷野"就是其中很有名的一片荒漠，主要位于今天叙利亚的中部地区，荒凉且人烟稀少。

我们三人在村里"暴走"，不经意间从一个小学门口经过，恰逢下课的一群小学生。那个地方很偏僻，平时估计很少有外国人到来，孩子们看到我们这些陌生的面孔时，非常兴奋。不知是出于好奇、喜爱还是厌恶，竟然向我们扔起小石子来，霎时石如雨下，我们只能抱头逃走。在逃跑的过程中，我竟想起了某些阿拉伯国家至今还在执行的"石刑"（用石头把犯人砸死的一种残酷刑罚），头脑中竟也浮现出愤怒的巴勒斯坦少年向庞大的以色列梅卡瓦坦克投掷石块的情景。但问题是，为什么那群孩子会向我们扔石头，实在令人不解……

　　躲过了"石刑"之后，我们最终幸运地租上了一辆残破的面包车，有惊无险地到达了目的地——东宫。

　　东宫位于广袤的叙利亚旷野之中，周边环绕的是荒漠和稀疏的草地，能看到一些当地的牧人在此处放羊。到了东宫，我们这才发现这处遗址原来是由两个相邻的正方形宫殿组成的，东边的较小，西边的较大，也就是俗称的"东小宫"和"东大宫"①。两个宫殿的距离只有几十米，中间的空地上矗立着一个方形的塔楼，给人的感觉有点像巴尔米拉遗址的塔墓，据说是当年的宣礼塔——方塔也是伍麦叶时期宣礼塔的经典形状。如此看来，当年的两个宫殿里大概都有清真寺，然后共用了这个方形的宣礼塔。

　　我们环顾四周，最引人注目的就是东小宫那高大的暗红色宫门。这个宫门保存相对较好，今天已经成为东宫遗址的标志性建筑。很明显的是，相对于西侧的东大宫，东小宫的宫墙和圆形角楼等建筑在保存状态上要好很多，而且能看得出东小宫的宫墙要更高一些，由此我猜测当年的哈里发是居住在东小宫里的。大概是由于文物价值较高，相对于东大宫的完全不设防，东小宫的入口是安装有防盗铁门的。可能平时也鲜有游人来此凭吊，因此我们到了近前，发现这铁门被一把中国生产的铁锁锁住，不得已只能把一旁正在午睡的管理员大叔叫醒，买了门票并请他开了门，然后我们才得以入内。

---

① 两个宫殿都呈正方形，东小宫边长约70米，东大宫边长约160米。

东小宫宫墙及其旁边的宣礼塔

　　毕竟经历了1000多年的风霜，再加上后世尤其是阿拔斯人的破坏，现在东小宫的内部已经残破不堪了，其间沟壑纵横，厚重的宫墙里面已经没有一处完整的建筑了。我们能很明显地看到，这里经过了一定程度的考古发掘，一些当年宫殿留下的拱券遗存倒是随处可见。此外，在东小宫内部还能看到一些残存的罗马风格的柯林斯柱头，或许就是当年受雇于哈里发的拜占庭工匠留下的作品。

　　看到我们从东小宫出来之后，管理员大叔赶紧把宫门上锁了事。然后我们径直奔赴东大宫。相对而言，这个建筑的宫墙、角楼和宫门都要残破很多。虽然现在已经得到部分修复，但由于新的砖石颜色发白，和原先的暗红色反差较大，因此没能"修旧如旧"，效果并不好。我们进入东大宫内部，发现也完全是废墟一片了。其中的东南一隅还尚存一些高大的拱券，结合旁边墙体上的壁龛，能判断出是当年清真寺的遗址。此处靠近大、小宫之间的方形宣礼塔，其位置也是很合理的。

据记载，东宫的主人——哈里发希沙木非常勤勉，是帝国的最后一位明君。据说他常年住在东宫和东宫以北的鲁萨法（الرصافة, al-Ruṣāfah）。遥想当年，或许是厌倦了京城大马士革喧嚣的车水马龙和纷繁复杂的政治斗争，哈里发选择住在旷野之中的行宫。在这里他呼吸着新鲜的空气，掌控着东到中国唐朝边境，西至今天摩洛哥大西洋沿岸和西班牙、葡萄牙的庞大帝国。在希沙木死后不到10年的时间里，伍麦叶帝国就覆亡了。东宫逐渐荒废掉，后来竟一度变为农产品和牲畜的交易市场，至今尚存的这些断壁颓垣，仍能让人联想起东宫当年的辉煌。

在东小宫内部看到的一个相当完整的柯林斯柱头，有可能是当年受雇于哈里发的拜占庭工匠完成的作品

　　东小宫的内部状况，宫墙非常厚重高大，正上方是一个角楼，左上方还可见一个方形射箭孔，下方皆是颓垣断柱

东大宫的一个宫门，显然大门两侧经过了修复，当时可随意进入

东大宫内部东南角
的清真寺拱券遗址

白色的骑士堡

从侧面远观骑士堡

当年我在叙利亚曾游历过十几座古堡。这些古迹的建筑风格和历史渊源各不相同，不过大体上可分为穆斯林城堡和十字军城堡两类。其中保存最为完好的当数霍姆斯省的十字军城堡——骑士堡。

这个城堡曾数次易帜，历史上至少有过三个名字。骑士堡始建于公元11世纪的米尔达西时期（Mirdasid，11世纪阿拉伯人以阿勒颇为核心建立的地区性小王朝），由于当时雇用了大量的库尔德人做守军，因此该城堡俗称库尔德堡（قلعة الأكراد, Qal'at al-'Akrād）。后来十字军夺取了这个城堡，公元1142年，的黎波里的郡主雷蒙德二世（Raymond II）将这座城堡交给了法兰克人众多的耶路撒冷医院骑士团，这座城堡自此改称为骑士堡（法文中的Krak des Chevaliers，也是这座建筑至今在西文中的通用名称）。公元1271年，统治埃及和叙利亚的麦木鲁克王朝素丹拜伯尔斯^①攻占这座城堡，从此骑士堡改名为"黑森堡"（قلعة الحصن, Qal'at al-Ḥiṣin），意为"固若金汤的堡垒"，黑森堡也是使用至今的阿拉伯文名称。为了避免混淆，本书统一使用"骑士堡"这一名称。

骑士堡位于霍姆斯以西约40公里，海拔近650米。这座城堡的诞生主要源自其重要的地理位置：骑士堡位于东黎巴嫩山脉以北，拉塔基亚山脉以南的霍姆斯峡地（Homs Gap），控制着从叙利亚中部城市霍姆斯到地中海沿岸（北达叙利亚塔尔图斯，南至黎巴嫩的黎波里）的交通要道。

12世纪中期，人们从穆斯林塞尔柱克王国境内的霍姆斯出发西进，经过骑士堡所在的霍姆斯峡地，便可以进入十字军的领地——北边是安提俄克公国（Principality of Antioch），南边是的黎波里郡（County of Tripoli）以及著名的耶路撒冷王国。可以说，在公元12世纪到13世纪长达100多年的时间内，骑士堡起到了隔离沿海的基督教拉丁领地和叙利亚内陆的穆斯林领地的作用，这也是该城堡修建得如此坚固和精巧的内在动因。

作为叙利亚地区众多十字军城堡中的一颗明珠，骑士堡也是当时战争建筑艺术的巅峰。为了一睹其风采，我和廉老师在2005年1月的一天专门启程前去探访。地中海气候的冬天阴冷潮湿，其实并不适合旅行，无奈这是两学期中间的宝贵时光。现在回想起来，那个冬天在叙利亚苍茫的大地上，留下了我和廉老师许多孤单的脚印。

我们从大马士革出发，先坐车到霍姆斯，抵达时已是中午，随后在车站等待去骑士堡方向的公交车。印象中等了很长时间才发车，以至于我们下午3点多才到达目的地，当时已然有点日暮西山的感觉。

由于天色已晚，城堡里只有我和廉老师两位游客，于是我们抓紧所剩不多的时间尽快游览。骑士堡是一个用白色石头筑成的城堡，能想象如果在晴朗的天气里，这个建筑远观起来一定非常漂亮，让人联想到骑士们身上银白色的铠甲。骑士堡修筑在一个高地上，四周都是起伏的丘陵地带，在城堡上能俯瞰旁边的一个村庄——后来才知道这个村庄叫黑森村（قرية الحصن, Qaryat al-Ḥiṣin）。叙利亚内战期间这里曾爆发过激烈的战斗，黑森村几乎完全沦为废墟。

---

① 前文提到过，素丹拜伯尔斯去世后就葬在大马士革的扎西利叶学校内。

对骑士堡的第一印象，售票处的大叔站在门口远眺　摄影：廉超群

　　我对这个城堡的最初印象，一是保存得相当完好，二是有非常显著的内外双层堡墙的结构。外层堡墙就已经相当高大了，内层堡墙更加险要，且有非常陡峭的倾斜角。内外堡墙之间还有一条深壑，部分被填平了，其他部分尚有积水。可以想象，骑士堡当年凭着的双层高大的堡墙，以及其间注满水的深壑，可谓是固若金汤。

　　历史上十字军对这个城堡的修建主要有两个阶段。一是公元1142年医院骑士团接管此处之后，觉得有必要在此军事要地长期经营，于是开始重新筑堡，直到1170年发生了一场地震，对城堡造成了损坏。第二个阶段是从13世纪起，十字军面临穆斯林军队的节节进攻并不断丧失领地，位于交通要道上的骑士堡的防卫作用更加凸显。经过多年的苦心经营，十字军终于按照当地最先进的防御理念，修建成了内外双层的同轴城堡（Concentric Castle），奠定了今天骑士堡的面貌。白色的骑士堡也是保存至今的十字军同轴城堡的典型代表。

外层堡墙的一角，可俯瞰下方的黑森村

　　骑士堡十分美观，但本质上是战争机器，并且在历史上发挥了重要的防御作用。公元1187年，萨拉丁取得赫淀战役大捷，随后攻克了十字军耶路撒冷王国的首都，极大震动了该地区的各个拉丁王国。次年5月，萨拉丁挥师北上，来到骑士堡前时，由于看到城堡高大坚固且防守严密，因此放弃了进攻的计划，转而西进去攻打瞭望堡（قلعة المرقب, Qal'at al-Marqab，今叙利亚塔尔图斯省），但也并未成功。

　　公元1271年，有着"宗教的支柱""胜利的国王"之称的麦木鲁克素丹拜伯尔斯前来进攻，他曾在1260年的艾因扎卢特战役中击败横扫中东地区的蒙古军队。拜伯尔斯先是攻克了城堡外墙，但被阻于内墙之外长达30多天，后来在双方达成协议之后，守卫骑士堡的约2000名十字军战士投降，并得以保全性命。由于总体上骑士堡算是和平易帜，因此这座建筑得以完好地保存下来。

内层堡墙及其下方的护沟，
可见墙体之陡峭

1271年骑士堡被穆斯林攻克后，其内部的教堂被改为清真寺，可见壁龛及讲坛

直到近代，这个城堡一直有人居住。法国委任统治当局对这个他们自己祖先建立的城堡十分重视，在1933年命令当时城堡内的500多居民搬离此地，尔后开始考古发掘和修缮。

骑士堡的内墙里面是整个建筑的核心所在，我们在这里看到了仓库、卧室、大厅和教堂等建筑，当年的教堂早已改为清真寺了。在城堡的中心地带还有一片小广场，旁边就是所谓的骑士厅，可能是当时举行会议的地方，石头窗棂还保留着当年法国的哥特式风格。

城堡内的小广场和旁边骑士厅哥特式的石头窗棂，部分在2012—2014年毁于叙利亚内战

时间已晚，售票处的大叔已经在催我们了。我和廉老师不舍地结束了这次略显仓促的旅行。骑士堡的大门被锁上之后，我们还绕着整个建筑转了一圈，等到下山至公路旁边拦车时，天已经完全黑了。

一年以后的2006年，骑士堡被联合国教科文组织收录至世界文化遗产。叙利亚内战期间的2012—2014年，叙利亚反对派控制了骑士堡及其周边地区，并把这座城堡作为一个军事基地使用。战斗最激烈的时候，骑士堡旁边曾有9000居民的黑森村几乎完全沦为废墟。我曾经看过某战地记者采访一个守卫骑士堡的叙利亚反对派战士的影像，那个小伙子一边端着枪，一边指着身后白色的骑士堡，喘着气说："战斗太激烈了，这是历史文物，其实我也不想让它毁了……"

所幸的是，这座古堡仅仅遭遇了几次炮击，一发航空炸弹落在小广场，骑士厅那哥特式的石头窗棂全部被震碎，但其他部分基本完好。

在这座城堡，米尔达西王朝的库尔德卫兵曾经驻守；医院骑士团的法国十字军曾经辛苦筑堡并日夜与之厮守，看到那些哥特式的建筑，他们或许早已把异乡当成了家乡；大英雄萨拉丁曾踯躅于此；拜伯尔斯素丹也曾因最终攻克此地而名留史册。白色的骑士堡是叙利亚这个国家的历史见证，但愿有朝一日我能够故地重游。

远观骑士堡的双层堡墙

175

哈马省

水车之城——哈马

哈马（حماة，Ḥamāh）是叙利亚西部地区的一个内陆城市，位于大马士革——阿勒颇交通干线上，距离首都210多公里。当年在叙利亚留学时，趁着在此处中转前往其他目的地的间隙，我曾三次游历哈马，并留下了很深的印象。

第一次听说哈马这个城市，还是从我们系的一位外籍教员那里。当时我上大一，现在回想起来这是20年前的事情了。那位老师名叫阿卜杜卡里姆·穆罕默德·纳米尔（عبد الكريم محمد نمر，'Abdu al-Karīm Muḥammad Namir），他当时住在勺园的外教公寓，他说自己的老家在叙利亚的哈马，自己的亲人也都在那里。老先生在中国工作和生活了很多年，他曾长期住在北京友谊宾馆，甚至还经历过"工业学大庆、农业学大寨"的年代。我对这位老师最后的记忆，停留在某日自己乘坐302路公交车去东三环，在车上碰巧遇到这位老先生，他说自己去亮马桥，我们在车上随便聊了一会儿。现在想来，当时这位老师大概是去使馆区一带探望他的叙利亚同乡们。后来我上大二的时候，阿卜杜卡里姆老师就回国了，没过多久就听说他在家乡去世了，我想这也算是落叶归根了吧。

流经哈马城的阿绥河，以及河边的水车

内战前的哈马有90多万人口，是叙利亚的第四大城市。哈马有至少3000多年的历史，迦南、阿拉马人都曾在此建立城市，此后的塞琉古王朝、罗马帝国和伊斯兰时期，哈马都是重要的区域性城市。"哈马"这个名字据说来自腓尼基语，意为"要塞"，个人猜测可能指的是今天阿绥河边早已沦为废墟的哈马城堡。哈马在古希腊语里叫 Epiphaneia，源自塞琉古王朝一位皇帝的名字，在拜占庭时期也曾被叫过 Emath，后来随着阿拉伯人的统治，这个城市又恢复了原先的古老名字——哈马。

在我看来，这座城市最大的特色就是那悠然穿城而过的阿绥河（نهر العاصي, Nahr al-'Āṣī），以及河边的那些古老的水车（النواعير, al-Nawā'īr）。

阿绥河发源于东黎巴嫩山脉，流经黎巴嫩的贝卡谷地、叙利亚的霍姆斯、哈马和伊德利卜等地，最后在今土耳其境内伊斯肯德伦注入地中海，全长约570公里。这条河在西文里叫奥龙特斯河（Orontes River）。阿拉伯语中的阿绥河是"逆流河"的意思，这是由于该区域的河流基本上是向东或是向西流淌，只有这条河一路向北，因此而得名。

哈马也叫水车之城，城区共有17个大型水车。据说在阿绥河边修建水车的历史可以追溯到3000年前，在后来的罗马时期，哈马水车的引水渠大量使用拱券，带上了典型的罗马建筑风格。水车原本的用途是农业灌溉，现在，哈马市区的水车已经主要用于美化城市和旅游观光了。

我和廉老师第一次到哈马是2005年冬天的一个午后。当时天气很好，碧空如洗，蜿蜒的阿绥河穿城而过，河边硕大的木质水车点缀其中，河水的安静和水车转动的声响构成了美妙的反差，驻足在河边的公园和绿地，让人感觉极为放松和惬意。由于水流缓慢，为了带动水车旋转，哈马人民在阿绥河上筑起了数道堤坝，并在两端放置水车。市区有些地方至今还保存着部分当年修筑的高架引水渠。

哈马老城的古建筑大都在沿河地带，因此我们也是沿着阿绥河徒步旅行。在哈马城堡的旁边，努里清真寺（الجامع النوري, al-Jāmi' al-Nūrī）高耸的方形宣礼塔醒目地映入眼帘，这是塞尔柱克王朝的努尔丁于公元1162年修建的。同时期还留下的一处古迹是哈桑和侯赛因清真寺（جامع الحسنين,

Jāmiʻ al-Ḥasanayn），这个清真寺在公元1157年的大地震中遭到了严重损毁，后来努尔丁对其进行了重修，奠定了今天的状况。哈桑和侯赛因清真寺这个名字，一看便知是什叶派的宗教建筑，大约是公元11世纪埃及信奉什叶派的法帖梅王朝（الدولة الفاطمية, al-Dawlah al-Fāṭimīyah）统治叙利亚地区时留下的建筑。

安静的阿绥河，河边有公园和高高的芦苇，对岸是建于公元1362年的艾布·菲达清真寺（جامع أبي الفداء, Jāmiʻ ʼAbī al-Fidāʼ），艾布·菲达是一位历史和地理学家，也曾是麦木鲁克时期哈马的地方长官

　　就着太阳落山前的余晖，我和廉老师迅速爬上了哈马城堡，这个地方在阿绥河南岸，居高临下，可惜上面已经没有像样的建筑了，只能看到几处考古挖掘的坑洞和一个残破的罗马石棺。后来才知道，虽然历史上的哈马城两次成功抵抗了十字军围城，但不幸在公元1260年和1400年两次遭到蒙古西征军队的洗劫，第二次陷于蒙古人之手以后，哈马城堡彻底沦为废墟，直至今日。在城堡上，我们静静地观赏着水车之城的落日，直至天色全黑，才开始动身返回旅馆。

哈桑和侯赛因清真寺，公元12世纪的努尔丁时期得到重修

2005年6月初，我独自一人第三次来到哈马，并专程去看了下奥斯曼时期的古宅——阿兹姆宫。前文曾有一篇专门写大马士革的阿兹姆宫，而哈马的阿兹姆宫也同样属于阿兹姆家族，这个建筑修建于公元1742年，现在作为当地古宅的典范被改造为哈马民俗博物馆。

没想到的是，当天居然正在阿兹姆宫里面拍摄古装电视剧，以至于我一到古宅门口，就看到一群佩带弯刀的古装武士。更没想到的是，这种情况下我居然还能进博物馆参观，于是我尽量蹑手蹑脚，不打扰别人拍戏。这个古宅的规模没有大马士革的阿兹姆宫那么大，但风格还是很接近的，至今印象还很深的是其中一个"四合院"的大理石地板，各种几何造型和色彩让人赏心悦目。

阿兹姆宫的附近是一片很大的哈马老城区，全部是石头修筑的房子和石板铺就的弯弯曲曲的小路。在这里我还发现了一个很大的希腊东正教教堂，根据其规模判断，附近应该有为数不少的基督徒。后来了解到，哈马的基督徒基本上属于希腊东正教派或是古叙利亚东正教派。在结束那次旅行之前，我参观了哈马市博物馆，依稀记得里面有很多希腊罗马时期的文物，毕竟当时的哈马是一个非常重要的区域性城市。

哈马给我留下了很多回忆。记得第二次到那里的时候，我和廉老师住在阿绥河边的一个经济型的小旅馆里，当天夜里风雨大作，我们在旅馆大堂里闲逛，偶遇了一位能讲中文的韩国老兄，他给我们说起自己的旅途经历。后来还看到一对讲法文的夫妇，先生是一位黑人，妻子是一位带着雪白头巾的穆斯林女士……

20世纪80年代初，哈马曾爆发过反对派和政府军的大规模武装冲突，致使大部分城区毁于战火。2011年叙利亚内战爆发后，我很担心哈马会重蹈覆辙，好在水车之城幸存下来了，安然无恙，30年后的哈马没有第二次踏入同一条河流。今天，我依然憧憬有朝一日能够四游哈马，在那条曾叫作奥龙特斯的阿绥河边坐上许久，偷得浮生半日闲。

哈马的阿兹姆宫

哈马老城的街巷

火山口上的城堡——施麦密斯

　　最初是在一张旅游地图上看到了施麦密斯城堡（قلعة شميميس，Qal'at Shmaymīs），瞬间我就被吸引住了。那是一张航拍的图片：一个圆形的城堡，坐落在一座圆锥形秃山的顶上，这座山显然是一个火山。火山口上的城堡，给我留下了极深的印象，以至于后来动身去哈马旅行之前，我就下定了决心，一定要去施麦密斯看看。

施麦密斯——火山口上的城堡　摄影：廉超群

　　施麦密斯位于哈马城东南约25公里，是一座非常古老的城堡，据说施麦密斯这个名字来自希腊语，而城堡早在希腊罗马时代就已经存在了。关于这个城堡的历史记载并不多，现在只知道公元1157年，城堡毁于叙利亚地区的大地震，后来艾优卜王朝在霍姆斯的统治者西尔库（شيركوه，Shīrkūh）对其进行了修复。1260年蒙古铁骑席卷西亚时，施麦密斯城堡也被摧毁。在这之后，麦木鲁克王朝的开国素丹拜伯尔斯在1261年将其修复。

2005年1月的一天清晨，我和廉老师从大马士革出发，大约中午时分抵达哈马，在市区吃过午饭之后，我们便开始寻找前往火山城堡的交通工具。从地图上看，施麦密斯城堡位于哈马到小城赛莱米耶（سلمية，Salamīyah）的路上。几经打听，我们终于找到了车站，坐上了开往赛莱米耶的公交车。

由于不是交通干线，一路上车并不多，我们坐的公交车又老又破，而且被打扮得花里胡哨——典型的阿拉伯老爷车的样子。车行了大概40分钟，司机转过头来说：“你们不是要去施麦密斯吗？已经到了。”刚一下车，我们就已经能远远地看到那个光秃秃的圆锥形火山了。那天是阴天，天空浓云密布，火山口上的城堡更显得神秘莫测。

虽然看到了，但是从公路走到城堡还是费了些周折。我们穿过布满碎石的农田，大概步行了半个小时才抵达火山脚下。靠近了才发现，其实这个火山并不像从远处看起来那么光秃，山坡上除了黑色的火山岩和灰白的碎石，还长了不少杂草。在山脚下，我们看到了景点介绍——是一块黑色的铁板，上面用白漆写着这个城堡的简史，落款是赛莱米耶市的文物协会（جمعية العاديات，Jam'īyat al-'Ādiyāt）。

此地无人值守，我们径自开始攀登。好不容易爬上山坡才看清楚，城堡实际上位于火山口中央的一块比较平整的高地上。堡墙的外围有一道显然是人工挖掘的壕沟，壕沟很深，和外面的火山山坡一起，对城堡构成了双重保护。我们进入壕沟才发现堡墙外围的护坡也很陡，我和廉老师几乎是手脚并用才爬进了城堡。

城堡的面积并不大，也非常残破，除了部分外墙，内部建筑荡然无存。据记载，城堡目前残存的建筑都是麦木鲁克时期的，我们在施麦密斯上看到了城堡外墙裸露的大量不规则黑色石头，也印证了这一点。

抬头可见城堡的入口，坡很陡峭，走上去并不容易

残存的堡墙

　　城堡内空无一人，我们在里面随便走了走，正在闲庭信步的时候，我猛然发现前方有一个大坑，吓了一跳，急忙停住脚步。等我回过神来仔细看的时候，发现此坑非常隐蔽，四周长了不少野草，而且坑口周边的土地明显向中间倾斜，加之没有任何护栏和警告，着实危险。再慢慢靠近一点往里看的时候，我发现此坑内部呈圆柱形，直径约有3米，内壁由光滑的黄色石头构成，后来我索性完全匍匐在坑口边上，冒险往里拍了张照片。为了试探深浅，我往坑内投了块石头，居然许久听不到触底的声音。回想起来我刚才确有可能不慎跌入此无底洞，实在令人不寒而栗。

　　过了好一会儿，我才稳住心神，继续前进，在城堡上走了个来回，发现确实没剩下什么像样的建筑，但是四周的景色还是很不错的。施麦密斯城堡俯瞰着哈马东南广袤的原野，这一带基本是平原，以农田为主，也有少量的草地，此外，附近还有几座低矮的山丘。火山另一侧的山脚下有一片草地，能看到几处人家，山坡上还有一群土黄色的绵羊在悠然吃草。

城堡上的一处深坑，我将其命名为无底洞，其实是当年的水井

这时的天空仍然布满浓云，但是雨还没有落下来，午后的原野非常安静，以至于远处山坡上的一声羊叫都能听清楚。我和廉老师找了块靠近堡墙的地方坐下，凝望着苍穹和大地，享受着这一刻的宁静，都陷入了各自缥缈不定的思绪中。

念天地之悠悠，几乎怆然而涕下，我们在高处坐了良久，终于动身下山。在山坡上遇到了刚才看到的羊群，这激起了我们的好奇心，于是决定去火山脚下草地上的人家串串门。

到了离山脚最近的一户人家，我们看到这其实是一处由木板搭建而成的简易房屋，周围还有几个帐篷，有两位老伯在家，其中一位患有眼疾，大约是白内障。他们很热情地与我们打招呼。当得知我们是在大马士革上学的中国人后，二老更加高兴了，带我们参观他们的农舍，还叫家里的两个小男孩出来向我们问好。我看到这户人家是以放牧绵羊为主，家里还养了一群鸽子和一头白色的毛驴，屋里不通电，更没有自来水。那位患有眼疾的老伯说，他知道中国出了个毛泽东，很有名气，问我他还在不在人世，我回答说毛公早已作古了，老伯忙说："愿真主怜悯他。"我们照了合影，让主人在相机显示屏里看了看，一家人都非常高兴。由于天色不早了，话别之后我们就踏上了归程。

从山脚下的农舍向公路进发，又要穿过布满碎石的农田。由于和来时的角度不同，我们走了一会儿，回头看时，发现火山山坡的一侧有用黑石拼成的"WELCOME"几个大字母，非常醒目，想来是当地人为了招徕游客而创造的拼图艺术吧。行至半路，就看到风起云涌，骤雨将至，这时再回头去看施麦密斯城堡，已经完全被笼罩在阴云之中了。忽又想起城堡上的那个无底洞，实在让人有些胆战心惊。及至走到公路，用了大约40分钟，这时暴雨也已经开始落下，我们试图拦下几辆开往哈马方向的大巴，但是司机都没有停车。后来运气还算不错，终于等到了一辆的士，司机从哈马送人去赛莱米耶，现在回家，我们如获至宝，终于搭车返回了哈马。

后来看书才知道，那个火山口中间的无底洞是一口水井，我在城堡上的时候也有这种猜测，但觉得在火山口正中央开凿这样一口深不见底的水井，实在是有点不可思议。施麦密斯城堡，始终让我感到神秘莫测。

在火山城堡的另一侧，能看到WELCOME几个字母

神秘的迈斯亚夫

遥望迈斯亚夫城堡，远处的山地云雾笼罩，神秘莫测

迈斯亚夫（مصياف，Maṣyāf）在阿拉伯文中的意思是"避暑纳凉之地"，这是叙利亚哈马省西部的一个小城市，距哈马市以西约48公里。迈斯亚夫西接高耸的叙利亚沿海山脉（也叫努赛里叶山脉，جبل النصيرية，Jabal al-Nuṣayrīyah），东临延伸到哈马平原的丘陵地带，扼守着一条连接地中海沿岸和叙利亚内地的山路。可能是坐拥一个大风口的缘故，此地平素以风大而著称。

这个城市在21世纪初有2万多的人口，居民多信奉易司马仪派[1]、阿拉维派和基督教，宗教成分相对比较复杂。迈斯亚夫地处山地丘陵，物产丰富，历史上也被叫作"麦斯雅德"（المصياد，al-Maṣyād，意为狩猎之地）。

---

① 易司马仪派是穆斯林什叶派的一个少数派，也被称为"七伊玛目派"。

2004年至2005年我在叙利亚留学的时候，闲来无事，把马坚先生翻译的《阿拉伯通史》又温习了一遍，里面也有对迈斯亚夫的记载：

"远在十一世纪末叶，阿萨辛派早已在叙利亚站稳了脚跟，而且把塞尔柱克王国驻阿勒颇的王子列德旺·伊本·突突什（于1113年卒）都变成叛依者。他们到1140年已夺得了麦斯雅德地方山上的堡垒以及叙利亚北部的其他堡垒，包括凯海夫、盖德木斯和欧莱盖等地的堡垒。甚至奥龙特斯河上的舍伊萨尔（现代的沙贾腊），也被阿萨辛人暂时占领了。吴萨麦把他们叫作易司马仪派。他们在叙利亚的最著名的导师之一是赖世德丁·息南（1192年卒），常住麦斯雅德，他的称号是 Shaykh Al-jabal，十字军的编年史家把这个称号译成'Le vieux de la montagne'（山老人）。"[①]

上文中的麦斯雅德就是今天的迈斯亚夫，《阿拉伯通史》中有所记载，叙利亚文化部地图也标注出了迈斯亚夫市的城堡，这就勾起了我的好奇心，因此在第二次前往哈马旅行时，我就说服廉老师一起去这个传说中的地方看个究竟。

谈到迈斯亚夫，不得不说一下阿萨辛派的历史——这是一个政治、宗教和军事派别，主要活跃于公元11世纪到13世纪。其成员信奉易司马仪教派，军事斗争上最大的特点是针对敌人的首领进行暗杀，由于很多刺客在行刺之前要吸食大麻，因此他们也被称为"哈萨辛"（الحشاشين，al-Ḥashāshīn），即吸食大麻者。这些刺客对当时本地区的十字军及部分穆斯林领袖造成了极大的威慑，"哈萨辛"也进入西文中，成为今天英语中"刺客"（Assassin）一词的渊源。

当时的阿萨辛派主要分布在今天的伊朗和叙利亚等地，并占据了一众城堡。他们在伊朗地区的老巢是阿拉木图堡，在叙利亚地区的"总部"就在迈斯亚夫，这大概也是迈斯亚夫在历史上最有名的一个篇章。

---

① 希提：《阿拉伯通史》（上册），马坚译，商务印书馆，1990，第533—534页。文中提到了"舍伊萨尔"和"盖德木斯"（现译为"盖德穆斯"）等地，本书的下文中将有专门描述。

　　迈斯亚夫城堡，修筑在一块巨石之上，图中站立者为廉老师，正好作为参照物，当时大门紧闭，我们无法进入，实在是留下了遗憾

我和廉老师是在一个冬天的下午到达迈斯亚夫市的，然后我们直奔城堡——后来才知道这个城市还保留着部分古城墙，并将整个城堡包裹在内，可惜当时没有去看。到了目的地才发现，由于过节的缘故，那几天迈斯亚夫城堡并未开放。

　　虽大失所望，但我们并未放弃，毕竟也曾去过一个叫舍伊萨尔的城堡，尽管并未开放，但我们最终绕道旁边小路成功地进去了。可惜在下面转了两圈之后，我和廉老师发现整个城堡修筑在一块高二三十米的巨石之上，且外侧堡墙非常完整，除非变作插翅飞鸟，否则绝无翻越入内的可能。

　　无奈之余，我们就在城堡入口处停留了一段时间，发现这个城堡的外围还有一道不高的外墙。迈斯亚夫城堡整体上呈椭圆形，虽然面积不大，但也是内外双层堡墙的结构，加上外侧围墙，总体上构成三重防御的结构。

站在城堡入口处看迈斯亚夫城区，下方可见外侧围墙遗址，大概是奥斯曼时期修筑的

迈斯亚夫城堡居高临下，据说罗马时期就在这块巨石上修筑工事。公元1140年，尼扎里系的易司马仪派教徒（Nizari Isma'ilis）占领了这个城堡，他们也就是叙利亚的阿萨辛派。后来该派的领袖赖世德丁·息南（رشيد الدين سنان，Rashīd al-Dīn Sinān）进驻迈斯亚夫城堡，并将其作为自己的总部。

在这之后，叙利亚的阿萨辛人以迈斯亚夫城堡为基地，进行了多次暗杀行动。凭借着坚固的城堡，迈斯亚夫的阿萨辛派左右逢源于周边数个十字军和穆斯林王国，始终屹立不倒，附近的整个地区俨然成为阿萨辛派的领地。1175年，阿萨辛派还对萨拉丁进行了两次未遂的暗杀，迈斯亚夫城堡遂遭到萨拉丁军队的围困，但并未被攻破。

公元1260年，被阿萨辛派盘踞了100多年的迈斯亚夫城堡，终于被蒙古西征的部队攻克。后来，埃及麦木鲁克王朝的素丹拜伯尔斯击退蒙古军队，于1272年占领了这个城堡，并最终荡平了在其看来是异端的阿萨辛派。

当天，有很多当地孩子在城堡周围玩耍，像往常一样，我和廉老师给他们拍照留影。我注意到旁边还有一门火炮，后来才知道这是近代法国委任统治时期的法军留下的武器，他们曾把这个城堡当作一个军事要塞。

还有个插曲。记得当时我们在城堡下邂逅了一位当地青年，他手里握着一罐啤酒，边走边喝。我问他："兄弟，你是穆斯林吗，怎么还喝酒？"小哥回答道："是的，不过我是极端穆斯林。"我当时觉得这个回答有些可笑，不过事后联想起来，当年的阿萨辛派刺客，为了完成暗杀这一悲壮的任务，据说少不了使用大麻和酒精来刺激、麻醉神经……

是夜，我们随便找了一家当地的旅店住下，依稀还记得那里的条件极为简陋，且房间里十分寒冷。我辗转反侧，想起迈斯亚夫这个名字的含义，觉得以后若能夏天来此地游玩，一定非常凉爽，又想起未能入内的迈斯亚夫城堡，就像当年阿萨辛派的故事一样，始终在我心里笼罩着一层神秘的面纱。

194

在城堡入口附近，廉老师和当地孩子们的合影，可见法军当年的火炮

阿绥河畔的城堡——舍伊萨尔

安静的阿绥河，流经叙利亚的水车之城哈马和白色的罗马古城阿法米亚，在我的回忆中，这条也被称作奥龙特斯的河流，还和一座城堡——舍伊萨尔（قلعة شيزر, Qal'at al-Shayzar）联系在一起。

我和廉老师去舍伊萨尔之前，仅仅看过叙利亚文化部历史古迹地图上的一张照片——一座在山上的巨大城堡。

舍伊萨尔城堡位于哈马市西北约30公里处，这个距离并不远，且有一条公路直达，按照今天的说法，大概也就是"一脚油"的路程。可惜当年没有车，出门全部依靠当地公交，虽然不甚方便，但打听路线和寻找车站的体验也令我们别有一番感受。

依稀记得在一个冬季的早上，我和同伴廉老师从哈马市坐车来到舍伊萨尔——一个有着数千居民的村子。当时刚下过一阵雨，雾气笼罩，我们在村口下了车，前方能看到阿绥河上的一座古桥，不远处居高临下的就是舍伊萨尔城堡。

舍伊萨尔城堡看起来已经沦为废墟，左侧楼梯的上方是城堡入口，在一个大塔楼的下面

我们用了十几分钟走到目的地脚下，抬眼望去，土黄色的舍伊萨尔城堡修筑在一座石头山上。入口处有一座大塔楼，保存得较为完整，但是其上方的堡墙和塔楼残缺不全。近处山体上的护坡石还清晰可见，砌成极为陡峭的角度，大大增加了当年进攻者攀爬的难度。这种护坡石在十字军修筑的城堡譬如骑士堡也有非常显著的体现。

刚准备进入城堡，一旁的小孩就对我们说："关门了，关门了。"我和廉老师大吃一惊，近前一看果然大门紧闭，才想起来当天是某政府假日，此景点不开放。正在愁眉不展之际，突然看到石头山上有几条曲折的小径，还有几个儿童在走动，我们索性沿着其中的一条向上攀爬，竟一鼓作气登上了城堡，如此连门票都省了。

意外登顶之后，发现整个城堡已经沦为一片废墟，目光所及，到处是颓垣断壁。整个城堡依山而建，呈南北向极为狭长的一条，下方基本上是一整块巨石。城堡西侧是我们下车后经过的舍伊萨尔村，转到东侧一看，下面竟然是一条极深的河谷，能看到阿绥河在缓缓地流淌。

由于居高临下且扼守阿绥河谷这一交通要道，此处的地理位置可谓得天独厚。早在公元前4世纪的塞琉古时期，这里就开始筑堡，当时的名字叫拉瑞萨（Larissa）。拜占庭人把这个城堡叫作Sezer，含义不详，大概是此地阿拉马语的古名，今天阿拉伯语中的"舍伊萨尔"也源于此。

公元638年，此地被阿拉伯人攻取。拜占庭人虽然战败并丢掉了叙利亚，但后来的几百年间依然和阿拉伯人在叙北部地区反复拉锯。公元999年，舍伊萨尔被拜占庭人夺回，成为当时拜占庭控制区的南部边界。

公元1081年，米尔达西王朝的孟基斯家族（بنو منقذ, Banū Munqidh）从拜占庭人手中夺过此城堡并开始统治这里。凭借舍伊萨尔易守难攻的地理优势，孟基斯人后来数次成功抵抗了十字军进攻。公元1157年的大地震期间，该城堡受损严重，之后素丹努尔丁将其修复，无奈舍伊萨尔在公元1170年再次毁于地震。公元1260年，舍伊萨尔成功抵抗了蒙古西征，1261年麦木鲁克素丹拜伯尔斯重修并加固了这个城堡。

站在南端的塔楼脚下看城堡全貌，可见羊群和放羊的孩子

城堡东临幽深的阿绥河谷

在这之后的奥斯曼时期，舍伊萨尔城堡逐渐失去了军事意义，变成了一个有人居住的村子。公元1958年，叙利亚政府宣布此地为历史遗产，将此处的居民迁走并开始进行文物发掘和保护。

作为一个狭长形状的城堡，南北两端的建筑必须足够坚固。今天来看，舍伊萨尔城堡保存最完好的部分，分别是入口处的北塔楼和另一端的南塔楼，足见其坚固程度。有一个双层拱桥直通北塔楼，城堡大门上方的阿拉伯语铭文还清晰可见，大概是记载着麦木鲁克素丹拜伯尔斯的丰功伟绩。南塔楼是现存最雄伟的建筑，呈正方形，有三四层楼那么高，墙体上的阿语铭文也保存至今。

除了南北塔楼，舍伊萨尔城堡只剩下一些堡墙和塔楼的遗迹，城堡内部已完全沦为废墟。在历史上，舍伊萨尔城堡曾两次毁于地震，但之后都得到了修复。如今的这种残破状况不知道是否与数百年来当地村民的居住及挪用石料有关。

我和廉老师在城堡上待了一会儿，天空逐渐放晴，阳光照射在塔楼的石头上，泛出金色的光辉。这时，一群孩子居然赶着绵羊上了城堡，显然，他们住在附近的舍伊萨尔村里，或许听说来了两个貌似李小龙、成龙面孔的外国游客，特地过来看看。我和廉老师热情地和他们打招呼，并给他们拍了很多照片。当年数码相机还是稀罕物品，而叙利亚的孩子们大多生性活泼，他们会抢着喊："请给我拍照。"照完后我通常会让他们在相机背面的小液晶屏上看一下效果，见到自己的形象后，孩子们开心地大笑起来，这也是叙利亚的旅行给我留下的一个难忘回忆。现在想来，当年的那些孩子也都二三十岁了，或许不少人已经尝到了人间冷暖甚至战争的残酷。至少，我的相机里保存了很多他们的笑容……

阿绥河谷的幽深出乎我们的想象，向下俯瞰，河谷地势险峻且风光秀丽。由于城堡当日未开放，我和廉老师最初是从西侧山路攀登而上的，游览完毕后，我们决定从东边河谷一侧延小路下山。

我们一直下到谷底，来到阿绥河边找了块石头坐下休憩片刻，看着静静流淌的河水，四周一片寂静。抬眼望去，高处城堡的遗迹巍然屹立。遥想当年，凭借险峻的地势和坚固的堡墙，舍伊萨尔曾经成功抗拒过蒙古人和十字军这东西方两大劲旅，可谓是战功卓著。雄伟的南塔楼矗立在巨石之上，恍惚间让人想起了北京长城的烽火台……

从阿绥河谷仰望舍伊萨尔城堡，南塔楼尤为雄伟

隘口古堡与阿法米亚古城

远观隘口古堡，下方是阿法米亚古城的城墙遗址

　　2012年的一天，央视新闻频道正在播放叙利亚内战的一则报道，我抬头瞥了一眼，电视画面中一个古城堡的外墙遭遇了炮击，浓烟腾起。虽然只是瞬间的一个镜头，但我已经认出，这是哈马省森林平原的隘口古堡，我不禁想起古堡旁边的罗马古城——阿法米亚。

　　森林平原（سهل الغاب, Sahl al-Ghāb）其实是叙利亚西北部的一片谷地，位于拉塔基亚山脉（جبال اللاذقية, Jibāl al-Lādhiqīyah）和扎维叶山脉（جبل الزاوية, Jabal al-Zāwiyah）之间，南北长约80公里，东西宽十几公里。阿绥河自南向北流经森林平原，形成了一片肥沃的土地，顾名思义，在历史上这里定是一块森林茂盛之地。

隘口古堡（قلعة المضيق, Qal'at al-Maḍīq）位于森林平原中部偏东的位置，现在也是一个当地行政区的名字。2005 年的冬天，我和廉老师从哈马市坐车向西北方向行驶了 50 多公里，即到达隘口古堡镇，我们一下车，就看到了路边的阿法米亚马赛克博物馆。

这个博物馆建于 16 世纪初，原本是一个奥斯曼时期的客栈，其建筑呈正方形，长和宽都是 80 米。客栈旁边还有一个同时期修建的欧拜德·本·哲拉哈清真寺（مسجد عبيدة بن الجراح, Masjid 'Ubaydah bun al-Jarrāḥ）[1]。据说当年有许多来自土耳其安纳托利亚高原的商人或朝觐者，从安塔基亚附近的海岸登陆并沿着阿绥河逆流而上，在阿法米亚的这个客栈，他们可以住宿或经商，亦可以在旁边的欧拜德清真寺做礼拜，待体力恢复之后，旅客们继续向哈马或大马士革等方向进发。

阿法米亚马赛克博物馆，其前身是始建于奥斯曼时期的客栈

---

① 这位欧拜德，是圣门弟子，也是伊斯兰早期杰出的军事领袖之一。

1987年，这个古客栈被改造为阿法米亚马赛克博物馆，室内部分主要用来陈列阿法米亚出土的马赛克绘画，中间的院子存放着不少古城发掘出的石碑和雕塑。博物馆并不大，我和廉老师结束了参观之后，便途经欧拜德清真寺，向附近高地上的隘口古堡进发。

　　由于博物馆的大多数展品都禁止拍照，因此很遗憾我们没能留下几张照片。后来听说这里在叙利亚内战期间遭到了洗劫，不少珍贵的马赛克画被盗走，一些镶嵌在地板上的马赛克画也未能幸免，竟被不法之徒切割下来掠走……

博物馆的藏品——三条鱼图案的拜占庭马赛克绘画（可能已经被盗） 摄影：廉超群

　　隘口古堡坐落在阿法米亚古城西边的一块圆形高地上，据说那里的早期建筑始于罗马时期，森林平原本来就是一块狭长地带，这个古堡因此而得名。由于地理位置得天独厚，从公元10世纪开始，当地人就选择在这里修筑要塞。在战乱纷争的年代，阿萨辛人、塞尔柱克人、十字军相继统治这里。隘口古堡现存的古建筑，主要是12世纪努尔丁从十字军手中夺取该城堡后修缮而成的。

仗着年轻体力好，我和廉老师很快就爬上了隘口古堡。这处古迹其实不是旅游景点，确切地说是一个村庄，里面全都是民宅。古堡的外墙整体上保存得较好，堡墙和十几个塔楼依然矗立。在其内部，除了我们看到的一个奥斯曼·本·阿凡清真寺（مسجد عثمان بن عفان，Masjid 'Uthmān bun 'Affān）①，已经几乎没有什么古建筑的痕迹了。

隘口古堡上的视野很好，可以俯瞰下方的整个阿法米亚古城。我们可以看到城墙的遗址和残破不堪的古罗马剧场，阿法米亚的标志——长长的两排白色廊柱在远处依稀可见，周围森林平原上的农田和远端的扎维叶山脉一览无余。我和廉老师爬了几个较为完好的塔楼，引来了村子里好些个小孩，他们好奇地、兴奋地和我们说话，我们也给他们拍了照。

叙利亚内战期间，隘口古堡两次被反对派武装占领。2012年3月，被"叙利亚自由军"控制的隘口古堡连续17天遭到政府军的炮击，堡墙和塔楼遭到了不小的损坏，城堡内的村子里后来也发生了巷战。2016年初，"胜利阵线"控制了这里，直到2019年5月政府军才最终收复了隘口古堡。

下了隘口古堡，我和廉老师径直向本次旅行的终点站——阿法米亚古城进发。这个古城整体上位于一块不太高的台地之上，面积非常大，当时也处于完全无人值守的状态。我们越过城墙残骸的边界，穿过当年的城区——现在被开垦为农田的沃土，最终到达大廊柱遗址的南部边缘，也是古城直街的起点。

阿法米亚（أفاميا，'Afāmiyā）在西文里叫作"阿帕米亚"（Apamea）。大约在公元前300年，亚历山大大帝的部将塞琉古选中这里，开始在此营造一个希腊化城市，塞琉古以自己波斯妻子Apama的名字命名此地，从此阿法米亚开始享誉整个地中海世界。

---

① 奥斯曼·本·阿凡是伊斯兰历史上第三任哈里发，也说明当地居民大概率是逊尼派穆斯林。

从隘口古堡上看到的阿法米亚罗马剧场遗址，可见这个剧场是依山坡而建的

在塞琉古王朝的叙利亚行省，阿法米亚是当时的四大古城之一。值得一提的是，其他的三大古城分别为当时叙利亚省会安提俄克（Antioch，今土耳其哈塔伊省的安塔基亚）、劳迪希亚（Laodicea，今叙利亚拉塔基亚）和塞琉西亚（Seleucia，位于今土耳其哈塔伊省），分别以塞琉古的父亲、母亲和他自己的名字命名。

公元64年并入罗马版图之后，阿法米亚进行了重建。从公元218年到234年，阿法米亚成为当时罗马帝国的安息第二军团（legion Ⅱ Parthica）的驻地，该军团承担着防御伊朗安息帝国的重任。当时的阿法米亚既是交通要道上的商业中心，又是驻扎着5000多名罗马战士的军事重镇。

我和廉老师走在阿法米亚的直街上，看着两侧高耸的白色廊柱，都惊叹不已。规模庞大是这个古城给人最强烈的感受。

在古罗马帝国东部，阿法米亚虽然不是最出名的城市，但若论其面积，却是数一数二的。其整个城市大体呈南北向的梯形，城内面积超过3平方公里，贯通南北的直街长达1850米，宽度达到惊人的37.5米，相当于国内单向10车道的马路。

保存较好的一处廊柱遗址，阿法米亚古城的规模可见一斑

当年柱廊的两侧是上下两层的商店，目前还能看到少量残骸。现存直街的状况也差别很大，南段直街已经几乎看不到石头路面了，两侧也仅有稀稀落落的廊柱依然矗立，北段直街保存较好，石板地面总体上很平整，路中间还保存着一个记功柱，可惜上面的雕塑早已不复存在，不过两侧的廊柱还较为完好。

公元1157年，阿法米亚一带发生了大地震，千年古城几乎完全毁坏，并沦为废墟。今天的阿法米亚除了残存的直街和廊柱，已经没有完整的建筑了。古城西侧始建于公元3世纪上半叶的罗马剧场，据说能容纳上万名观众，曾是罗马帝国最大的剧场之一，今天只剩下颓垣断壁。

阿法米亚记功柱遗址

直街两侧的建筑遗存

　　当时我和廉老师是沿着直街自南向北行进的。总体上讲，直街两侧数十米的距离内还能看到不少遗存，但基本上是建筑的基础、墙壁，以及石柱和柱头的残段，再往东西两边就几乎只能看到农田和地上残存的一些碎石了。

　　走到直街北端的尽头，在靠近城门的地方，我们看到一个方形的建筑遗迹，四周的墙体依然矗立，其中的一个区域能看到密集的陶制水管，通常这是罗马浴室的标志，但浴室为何如此靠近城门，我至今不得而知。再往前走就是阿法米亚的北门，当年应是三拱门的形态，虽已经坍塌过半，但中间拱门的拱券依然顽强地保存了下来，今天看起来依然很美。

　　偌大的罗马古城，也只是直街上有寥寥几位当地游客。在浴室附近，我们偶遇了一位西方人，是个年轻的背包客，大家用眼神互致了问候。出了北门，我和廉老师看了下附近的城墙遗址，出人意料的是，北门旁边的一段城墙保存得颇为完好，最高处有八九米的高度，十分雄伟。

阿法米亚古城北门

　　此时天色逐渐黯淡下来，由于体力也即将耗尽，于是我们沿着北门外的城墙向西侧折返。远处的隘口古堡映入眼帘，轮廓优美，近处阿法米亚的城墙遗址随着地表起伏一路蜿蜒，整个画面让人感到强烈的沧桑之美。

　　在归去的路上，我们又一次穿越农田。一位当地农民向我俩兜售青铜小器物。我问这些东西从哪里来的，当地人回答说都是罗马时期的东西，种地时从农田里挖到的。我随便买了几个金属小人和古钱币留作纪念，毕竟历史上的阿法米亚，曾经是那么辉煌和壮观的一座古城……

　　提到阿法米亚的文物，不得不说一个令人哀伤的消息。2017年叙利亚内战期间，为了从中渔利，不法之徒在阿法米亚古城进行了疯狂的盗掘，并留下了上百个野蛮挖掘的坑洞，据说盗掘出土的文物都被卖到了土耳其……

　　回国后，我偶尔也会想起阿法米亚，多么希望这个古城能被妥善保护起来并建成一处遗址公园。如果还能回到阿法米亚，我会把至今还保存在家里的那几个金属小人和古钱币赠给阿法米亚博物馆，让它们回到自己的家乡。

隘口古堡，一段比较有特色的拱形墙体（该部分在叙利亚内战中受损严重）

隘口古堡内部的街景，这是一个仍有人居住的村子

保存较好的一段城墙，可见当年之雄伟

伊本·沃尔丹宫

我是在 2005 年 6 月去的伊本·沃尔丹宫（قصر ابن وردان, Qaṣr 'Ibun Wardān），当时即将结束留学生涯，准备启程回国。展开我那张已经翻烂了的叙利亚文化旅游地图，发现里面我标记的十八九处顶级文物古迹里，居然还有两处没有去过。出于查漏补缺的目的，我独自一人再次背起行囊前往伊德利卜和哈马。这个伊本·沃尔丹宫是此行的最后一站，也是我在叙利亚去的最后一处知名古迹。

我当时的一种信念是，有些事若不咬牙做下来，未来可能就没有机会了。果不其然，之后的十几年里，我忙于工作、持家等各种琐事，再也没有机会回到叙利亚，加上战争的因素，曾经去过的一些地方早已人物皆非。

伊本·沃尔丹宫内部的一个狭窄通道，颇有点玄幻的效果

言归正传，研究过地图之后，我从哈马搭上了一班长途公交，在市区东北方向约 50 公里的一个叫作苏鲁支（سروج, Surūj）的村子下了车。苏

鲁支是"马鞍"的意思，不晓得此地是否在古代以制作马鞍而出名，抑或是那里有座马鞍形状的"马鞍山"。我在公路边上看到有一辆皮卡车正在趴活儿，便和司机——一位40来岁缠着头巾的胖胖的大哥聊了几句，谈妥路费后遂上车出发。

苏鲁支村到伊本·沃尔丹宫还有10公里的路程，我们已完全进入叙利亚旷野，周围的环境越来越荒凉。在车上，我与司机先是闲聊了几句，随后我问他姓名，没想到大哥竟犹豫了几秒钟，之后才说："我叫齐布。"我也愣了一下，因为齐布在阿拉伯语里是"狼"（ذئب, Dhi'b）的意思。大哥解释说，母亲生他的时候难产去世了，因此家里人给取了个这样的名字。我不禁有些尴尬，而后表示遗憾，司机大哥倒是很开朗，憨笑着说没什么。这个事我至今印象还挺深，因为这么多年来，听到有个阿拉伯人叫这样的名字，当时是第一次，也是最后一次。

我们很快就到达了目的地，司机把皮卡车停在路边，我下车先仔细端详了一下，看到两处古建筑，几乎是并排矗立在公路的一侧。旷野里干热的风吹在脸上，四周荒芜一片，不远处能看到一个小村子，就叫作伊本·沃尔丹村。

我给伊本·沃尔丹宫拍摄的第一张照片，门口停的车便是我租用的皮卡

伊本·沃尔丹宫给我的第一印象是：这是个黑色石头与土黄色（也有点近土红色）砖头混搭的建筑。我先进入了较大的那个建筑——后来知道这是宫殿，黑色的石头门框很醒目，抬头一看，门楣正中的十字架映入眼帘。

宫殿的门是开着的，我便径直走了进去。这个建筑整体上呈正方形，其主体结构目测有三层，但已基本沦为颓垣断壁了，我爬上了二层屋顶，可观看此宫殿的全貌。建筑中间是一个宽阔的内部庭院，四周都是房间，能看到一个半圆形穹顶的遗址。庭院的边上散落着一些黑色玄武岩制成的器物，大都是残破的门框。我还在庭院的一角看到了一些用来铺地的白色马赛克。

当时只有我一个游客，宫殿的面积也不大，没用多长时间便参观完毕。于是我动身前往旁边的小建筑，一个穿长袍戴红色头巾的看门大爷不知从哪里冒出来，大声说："小伙子，你还要去教堂吗？"我点了点头，这才知道宫殿旁边的小型建筑是教堂。大爷喘着粗气说："那你稍等，我把门打开。"我这才注意到原来教堂的铁门是关着的——大爷一个人看两个地方，也是难为他了。

教堂的面积更小一些，其内部比较引人瞩目的，一个是高耸的半圆形拱顶遗址，大概当年的神龛就在其内部；另一个是大门正对的双层拱形结构及其上面的帆拱遗址。目前只能靠想象猜测当年的建筑结构了。教堂的内部庭院里，还能看到一些散落在地面的柱头和柱础。

在距离教堂约100米的地方，还矗立着一处同样风格的建筑遗存。我走到跟前去看，发现是一个建筑的墙角，只能用"茕茕孑立"来形容了，该建筑的其他部分已经荡然无存，后来知道这是当年军营的遗址。结束参观之后，我又搭乘司机齐布——也就是"狼大哥"的皮卡车回到苏鲁支村。

后来过了很长时间，我才了解到一点关于伊本·沃尔丹宫的历史。公元564年，在拜占庭帝国皇帝查士丁尼一世（Justinian I）执政的末期，这处古迹建成于哈马东北约60公里的叙利亚旷野中，一共由三部分构成：宫殿、教堂和军营。目前除了军营，其他两部分主体尚存。

伊本·沃尔丹宫的教堂。看门的大爷听说我要进去，前去给我开门，最上方可见帆拱的遗迹

军营仅存的一部分建筑

这组建筑在历史上留下的记录很少，甚至最初的名字都已经不为人所知了。伊本·沃尔丹是当地的一个酋长的名字，大概是这位酋长曾经将此地作为自家的宫殿，久而久之，伊本·沃尔丹宫这个名字便流传开来。在阿拉伯语里，这组建筑也被称为"拱形修道院"（دير الأقواس, Dayr al-'Aqwās）或是"圆顶修道院"（دير القبة, Dayr al-Qubbah），由此可以想象当年这个建筑在当地的阿拉伯人看来，是以拱形优美而著称的，可惜这些拱券目前基本已经坍塌。从教堂正面双层拱形结构上面残存的帆拱可以想象，当年主体建筑顶上居中的位置必定还有一个大的圆拱。

这一组建筑中，宫殿是当时行政长官的住所，教堂是用来宣扬基督教的，再加上军事用途的兵营，构成了拜占庭帝国东部边境上的一组治理单元，和不远处的波斯萨珊帝国相对峙。根据我的实地观察，从哈马市出来往东没有多远，就进入到茫茫的叙利亚旷野（或称叙利亚荒漠）中，在今天伊本·沃尔丹宫的位置构筑边塞治理单元，让人想起明长城之于北京市，距离上应该是拿捏得恰到好处。

在建筑特色上，伊本·沃尔丹宫最显著的特点就是砖石混搭，此类建筑风格很可能是受到了当时帝国首都——君士坦丁堡的影响，我在今天的伊斯坦布尔也曾看到过不少类似风格的建筑，但这在叙利亚留存至今的历史古迹中是十分罕见的。此外还值得一提的是，据说在伊本·沃尔丹宫修建的过程中，砌砖的泥土中混入了玫瑰水，因此有了天然香味，一到下雨的时候就能挥发出来。可惜我当时造访此地的时候正是夏季，因此并未能领略到"香宫"的独特魅力。

在叙利亚内战中，伊本·沃尔丹宫一度沦为反对派的军事掩体，其外部建筑遭到部分损毁，所幸并不严重。遗憾的是在建筑内部，依然没能躲过不法分子带来的破坏。

回到2005年。我依然搭乘长途车离开苏鲁支村，抵达哈马时已经夜幕降临了，我并未住宿，而是星夜乘大巴返回大马士革，毕竟再过两天，我就要结束留学生涯回国了。还记得那天夜里坐在大巴上，我看着车窗外远处高低起伏的黑黢黢的山脊，想起这一年来貌似永不停歇的叙利亚旅程即将画上句号，不由得感慨万千。

教堂的半圆拱形建筑遗址

　　从教堂的位置看宫殿，宫墙的颜色和周边环境非常和谐。遗憾的是，画面中间墙角的部分已经毁于叙利亚内战

　　宫殿庭院中散落的黑色玄武岩石块，上面的图案不知是何含义

海岸地区

塔尔图斯省

地中海明珠——阿尔瓦德岛

阿尔瓦德城堡

    阿尔瓦德（أرواد，'Arwād）历史上在拉丁文里被称作"阿拉杜斯"（Aradus），是位于塔尔图斯市海岸线以西约3公里的一个美丽的小岛。在叙利亚为数不多的地中海岛屿中，阿尔瓦德是唯一有人居住的，也被誉为"地中海明珠"。

和叙利亚的很多地方一样，我第一次听说阿尔瓦德岛，也是来自马坚先生翻译的《阿拉伯通史》："盖拉温的儿子和继任者麦列克·艾什赖弗（最尊贵的国王）·赫列勒（1290—1293年）的唯一功劳，是1291年5月征服了阿卡。阿卡的陷落加速了留在法兰克人手中的少数其他港口的陷落……在北部叙利亚海岸对面一个叫阿尔瓦德的小岛上建立据点的圣殿骑士团，于1302年，被艾什赖弗的弟弟和继任者麦列克·纳绥尔·穆罕默德大事屠杀，完全驱逐出境了。"[1]在历史上，这个岛屿被麦木鲁克素丹的军队攻克之前，曾是十字军在地中海东岸地区的最后一个据点。当年我在叙利亚待了一段时间后，对当地的长途公共交通有所熟悉，当知道自己还能去叙利亚第二大港口城市塔尔图斯及其附近的阿尔瓦德岛时，感到非常兴奋。

当时我们这批在叙利亚的公派留学生全部出动，一行8人从大马士革坐上长途大巴，大约3小时后到达美丽的海港城市塔尔图斯，然后径直在海边码头找到了前往阿尔瓦德的渡船。还记得当时天气晴朗，蔚蓝的海面泛起粼粼波光，在船上大家都心情大好，遥望前方就能看到一处小岛，也就是当日的目的地阿尔瓦德。渡船启航后有十几分钟就开进了阿尔瓦德岛的码头，能看到好多条白色小船停靠在里面，上面都插着叙利亚国旗，那个画面颜色鲜明，给人的印象很深刻。

虽然面积只有大约0.4平方公里，但阿尔瓦德岛是实实在在的叙利亚第一大岛屿。我们刚才停靠的码头位于岛屿的东侧，登岛后没走多远，就能看到好几个造船的作坊，据说这里一直延续着叙利亚传统的手工造船技艺。按照2004年的人口统计，阿尔瓦德有4000多居民，多数以捕鱼、造船和旅游业为生。

---

① 希提：《阿拉伯通史》（下册），马坚译，商务印书馆，1990，第816—817页。

阿尔瓦德岛，可见岸边的巨石

　　阿尔瓦德的历史可以追溯到大约公元前2000年，当时居住在这里的是腓尼基人，后来他们将阿尔瓦德发展成重要的商业中心，并以此为据点打造了一支著名的海军，其舰队在埃及和亚述的文献中都有记载。后来阿尔瓦德岛先后被希腊、罗马和阿拉伯人统治，但也都是默默无闻的。十字军战争时期，由于特殊的地理位置，阿尔瓦德岛成为十字军的一个重要据点，也是在该地区的最后一个堡垒。在随后的麦木鲁克和奥斯曼时期，阿尔瓦德岛又复归穆斯林统治。第一次世界大战期间，法国海军于1915年占领了这个小岛，并将其改造为一个海军基地，在上面修建了一些军事工事，后来还开设了监狱。1945年，法国迫于国际压力不得已将阿尔瓦德岛归还给叙利亚政府。

　　我们在岛上大致转了一圈，看到密密麻麻的民居，餐厅和咖啡屋也很多，能看得出阿尔瓦德旅游业的兴旺。在岛屿的西北角一片滩涂地带，我们发现了不少矗立在岸边的巨大石块，其体量和高度都令人惊叹，我们兴

224

奋地攀爬上几块巨石，上面的视野极好，可以远眺对岸塔尔图斯市的海岸线。这些巨石的修筑时间在历史上并无明确记载，在我看来大概是阿尔瓦德岛海岸的城防遗址。我曾在很多地方看过罗马时期修筑的巨石建筑，尤其是一些神庙和城墙，但这个阿尔瓦德岛在罗马时期是默默无闻的，而且貌似也没有必要修筑这么大的工程，所以真的可能是当年腓尼基人费尽心机打造的海军要塞的遗址，推算下来其历史就有大约4000年。不管怎样，阿尔瓦德巨石也是个千古之谜了。

目前，整个岛上最重要的历史古迹非阿尔瓦德城堡莫属。这个城堡大体上位于小岛的中部，呈长方形，是个典型的十字军城堡，大致修筑于公元13世纪。其实我们几人登岛之后，首先就奔着城堡而去，穿过拥挤的民居区到达目的地，却发现城堡大门紧闭。阿尔瓦德城堡由黄色的石头筑成，由于没有地势可以借力，因此和大马士革城堡一样属于平地筑堡。城堡有两个门，主门入口处挂着一个牌子，上书"阿尔瓦德博物馆"，一块白色石头镶嵌在大门左上方的墙壁上，可惜上面的雕塑已经模糊不清了。所幸同样的石刻在另一个门旁边比较完整地保存下来了：一只被铁链拴住的恶犬，露出尖牙利齿。这雕塑非常生动，让人不禁遥想当年，那些十字军战士是否也通过养犬的方式加强守卫。我们叩门未果，没有办法只能先去岛上别的地方逛逛。

在始建之后的时光中，阿尔瓦德城堡一直是默默无闻的，直到十字军时期接近陷落的阶段才开始有史料记载。公元13世纪末，在麦木鲁克人的强力打击下，十字军在地中海东岸的领地不断收缩，随着1291年阿卡的陷落，耶路撒冷王国也被迫迁到塞浦路斯岛，阿尔瓦德这个靠近大陆的小岛则成为十字军残存势力的桥头堡。塞浦路斯的十字军一直在策划光复曾经的领土，并曾考虑联合蒙古人对抗麦木鲁克王国，但都以失败告终。1302年，麦木鲁克素丹麦列克决心彻底荡平叙利亚的十字军，因此派出了一支舰队登陆阿尔瓦德岛进行围剿。经过一段时间的围困之后，十字军最终在当年9月26日被迫投降，不过麦木鲁克军队并未像约定的那样让十字军自由离开，而是对其进行了屠杀，幸存者也都被送到埃及开罗的监狱。

阿尔瓦德岛战役及这个城堡，成为地中海东岸地区历时近200年的十字军运动的绝唱，为历史所铭记。

阿尔瓦德城堡的侧门，注意左上方的恶犬雕塑

当我们在岛上游玩尽兴，再次回到阿尔瓦德城堡时，居然发现可以进去了——原来当时城堡正在进行修复工作，并没有正式开放，不过我们还是偷偷溜了进去。我爬上两层高的堡墙，整个城堡的构造一览无余。这是一个单层堡墙且面积不大的建筑，内部有一个长方形的院子，能看到一个在堡墙上的尖塔，应该是当年教堂的钟楼，现在已经成了清真寺的宣礼塔，其上端挂着的喇叭清晰可见。这个城堡并不高，但是作为整个小岛的制高点，足以环视整个岛屿海岸的情况。

在法国委任统治时期，阿尔瓦德城堡被改造为一个监狱，主要用于关押争取叙利亚独立的民族主义者。1946年叙利亚独立之后，这座当年的十字军城堡被改造为阿尔瓦德博物馆。当我们溜进去的时候，改造工作还没有完成，城堡内部的各个房间都紧闭着，所以很遗憾未能看到那些记录着阿尔瓦德历史的展品。

城堡中间的三层建筑是主入口，可见单层且极宽厚的堡墙结构，左侧是庭院内部

　　幸运的是，在叙利亚内战中，阿尔瓦德岛和附近的塔尔图斯市都未受到战火波及，阿尔瓦德岛的人口也由内战前的四五千人增加到2022年的近1万人。4000年前，这里有腓尼基人的海军舰队，后来阿尔瓦德岛曾做过十字军和法国人的海军基地，而现如今，俄罗斯的海军舰队就在不远处……

　　当时在阿尔瓦德的海边，我看到孩子们在巨石上玩耍，带着婴儿的妇女们在岸边吹着海风，每个人的脸上都带着笑容，再配上当日碧蓝的天空和海水，我在阿尔瓦德岛看到了至今回忆起来最美的地中海画面，但愿这美景可以长久。

在阿尔瓦德岛上偶遇的四个小姑娘，非常可爱

山海之间——瞭望堡

从半山腰仰视瞭望堡，下方可见红色的土壤和大量仙人掌

瞭望堡（قلعة المرقب, Qal'at al-Marqab）位于叙利亚西部沿海，历史上曾是十字军医院骑士团的重要据点，如今和霍姆斯省的骑士堡、拉塔基亚省的萨拉丁堡并称叙利亚三大十字军城堡。瞭望堡建筑在一整座山头上，海拔约350米，据地中海边2公里，到塔尔图斯省的巴尼亚斯市（بانياس, Bāniyās）约6公里，可以说是依山傍海，占据着山海之间的险要地势。瞭望堡在拉丁文中的名字是Margat，公元1285年被麦木鲁克的军队攻克后，根据Margat的谐音和其地理位置，被新的穆斯林统治者改名为瞭望堡。

在我和廉老师抵达瞭望堡之前，其实还有一段插曲。当时是2005年的1月，正值叙利亚阴冷多雨的冬季，我们在一个清晨从哈马省的小城迈斯亚夫出发，准备穿越整个叙利亚沿海山脉到达地中海边著名的瞭望堡。

从那时我们手中仅有的资料——叙利亚文化部的旅游地图上看，旅行途中的小城盖德穆斯（القدموس, al-Qadmūs）还有一座城堡，于是我俩决定中途下车去看一看这个古迹。其实说起来盖德穆斯还是有些名气的，一方面这个地方的城堡曾是阿萨辛派的一个重要据点，历史上在阿萨辛派和十字军之间数次易手；另一方面，我们留学时期叙利亚当地一家很大的长途车公司就叫作"盖德穆斯"，这家公司的大巴车况极佳，给我留下了很好的印象。

盖德穆斯城堡的一段堡墙遗址

当时我们搭乘的中巴公交车到达小城盖德穆斯后，司机待我俩下了车，用手往上面指了指，说"那里就是盖德穆斯城堡"，然后就一溜烟开走了。当天气温很低且雾气弥漫，风也很大，至于城堡，则大概就在我们身边的一座小山上面，可是我和廉老师只能看到山腰以下的部分——遍布着密密麻麻的民居，山腰以上则完全被雾气笼罩，神秘莫测。当时还是清晨，路上空无一人，我们也无处问路。由于事先没有看到过任何照片，我俩只能根据地形猜测城堡就在山顶，并开始攀登。

由于完全找不到路标或是文物古迹的标志，我和廉老师只能硬着头皮择路往上爬。后来我们看到了一个大门和一段古墙遗址，推测是外围的堡墙，接着又看到了一个黄色的石头清真寺，感觉应该是一处古迹。再往上，只有峭壁和一处处大门紧闭的民居，我们转了好一会儿，实在找不到继续攀登的道路了，最后只能放弃。后来过了好些年，我才通过互联网知道盖德穆斯城堡的核心，就建筑在那个山顶的峭壁之上，其主体部分已经很残破了，而那个峭壁，则显然是经过了多年的人工雕琢，因此格外险峻。当年我在叙利亚，曾经到过几处城堡的近前却无法进入，但走到脚下却连目的地是什么样子都没看到的，也只有盖德穆斯城堡这一处了。

盖德穆斯的一处古清真寺，至于上面的城堡，我们既未能登顶，也无法看清其面貌

我和廉老师的盖德穆斯城堡探访之旅半途而废了，但行程还得继续。于是我俩又拦下了一辆前往巴尼亚斯的中巴，继续西进。长途车在崇山峻

岭之间行驶，穿过了层层迷雾，过了大约1个小时，中巴车翻上了一座山脊，突然远处出现了一片蔚蓝，天空也豁然开朗，我陡然激动起来，因为知道那片沁人心脾的蔚蓝就是地中海。

我俩就在海边的公车站下了车，中巴继续往北驶向不远处的巴尼亚斯。我们身边有一条小河的入海口，东边一座山峰上绵延修长的瞭望堡已经举目可见。顾不得别的，要先欣赏一下这里的大海，这是我第一次看到地中海。这片曾孕育过腓尼基、罗马等古代文明的大海，以前只是在书上看到过，今天终于触手可及了。眼前这片蔚蓝的海水清澈纯净，还有一群海鸥在翱翔鸣叫，我和廉老师都激动不已。

从海边到瞭望堡其实还有一段距离，附近没有看到出租车，我和廉老师就步行前往城堡。其间，一辆路过的汽车停在我们身边，车上有个男孩突然问我们要去哪里，为什么没有交通工具，我才想起来曾经在大马士革的一个外币兑换点见过这个孩子，也算是很有缘分。男孩询问要不要送我们去城堡，被我俩婉言谢绝了。

举目望去，瞭望堡占据了整个山头，气势非凡，当时天公作美，湛蓝的天空晴朗通透。至今我还记得我们爬到山腰的时候，看到了很多红色的土壤，上面长了一大片仙人掌，山顶上灰白的瞭望堡历历在目，我和廉老师用了45分钟才从海边走到城堡入口。据说在公元1188年，穆斯林大英雄萨拉丁带着他的军队扫荡地中海东岸的十字军领地，到达瞭望堡下面的时候，萨拉丁发现这个巨大的城堡实在易守难攻，于是望而兴叹，遂带领部队转而向北边的城市杰卜莱（جبلة, Jabalah）进发，瞭望堡也成为当时该地区为数不多未被萨拉丁攻克的十字军堡垒。

我们好不容易爬到城堡近前，首先映入眼帘的是一个半圆形角楼（位于城堡最南端），总体上保存得比较好，下方的石基包裹以黑色砖石，主体部分用黑色石头砌成，石头缝隙被类似石灰的白色材料清晰地勾勒出来，也使整个建筑呈现灰白色。靠近角楼上方的位置，一条白色石质带状的装饰横亘其中，起到了画龙点睛的作用。绕过角楼，我们就到达了城堡脚下的一片平地，现在是停车场，长长的堡墙就在眼前，通过一个斜坡，我和廉老师就来到了城堡入口。抬眼望去，这个入口坐落在一个巨大的塔楼下面，除了左上角已经破损，塔楼的其他部分保存完好。进入城堡的门很小，里面有一个售票处。

根据已知的文献记载，瞭望堡始建于阿拔斯帝国的哈里发哈伦·赖世德时期（公元786至809年在位）。公元1062年，此地落入什叶派之易司马仪派的领袖赖世德丁·息南之手，于是这里成为阿萨辛派的一个堡垒，类似于我曾去过的迈斯亚夫和盖德穆斯城堡。公元1104年，拜占庭人南下占领了这个城堡，但数年之后又落入了周边十字军的手中，大概从那个时候开始，这个城堡被称作"Margat"。后来数易其手，最终在1186年被出售给了医院骑士团。

由于Margat城堡得天独厚的地理位置，医院骑士团对其非常重视，并将之作为本地区的核心堡垒来经营。瞭望堡在这一时期得到了大规模的扩建和加固，14个塔楼被兴建起来，奠定了这座城堡现状的基础。

公元13世纪后半叶，统治埃及和叙利亚的麦木鲁克王朝实力强大，并开始扫荡地中海东岸十字军的残余领地，Margat城堡凭借着地势险要和堡墙坚固，成功抵抗了麦木鲁克人的多次进攻。后来，麦木鲁克素丹盖拉温决心拔除掉医院骑士团的这个顽固据点，于是在1285年亲率大军将此城堡团团围住，之后采取了包括挖地道在内的各种方式进攻。经过40天的围困之后，驻守在此的十字军见大势已去，遂与穆斯林军队达成协议：素丹允许守军随身携带其个人财产安全地自行离去，盖拉温终于占领了这个城堡，随后他对其进行了修复并派驻了一支守军，大约在这个时候城堡的名字被改为瞭望堡。后来，在奥斯曼时期，瞭望堡逐渐失去了往日的军事功能，变成了该地区的一个行政中心，奥斯曼人还在里面修建了一处监狱。

进入瞭望堡之后，我和廉老师用了很长时间才完整地转了一圈，遂感叹这里不愧是叙利亚沿海地区保存至今最大的城堡。大概是当日气温低且风很大的缘故，偌大的城堡竟看不到其他游客，我俩在里面待了好一会儿，才有少数几组游客陆续现身。

瞭望堡入口处的大塔楼

瞭望堡西南侧外墙的塔楼，海边可见冒着白烟的发电厂

瞭望堡是典型的同轴双层堡墙结构的十字军城堡，两层堡墙之间的间隔并不大。城堡总体上呈三角形，其中一个角朝正南方向，教堂、仓库、军营等主体建筑基本上集中在这南端的一角，显然这是当年整个城堡的核心区，现存的几个高大的内部塔楼也明显是用来拱卫这一区域的。我和廉老师在这里看到了一个比较完整的教堂，哥特式的大门很有特色，在其内部还能看到当年的一些基督教壁画遗存，其中的一些依旧色彩斑斓。

在当年，瞭望堡可以控制前往耶路撒冷朝觐的交通要道，因此医院骑士团对这里格外重视，在今霍姆斯省的骑士堡之外，瞭望堡成了医院骑士团在叙利亚的第二大堡垒。据说这个城堡里面可以容纳1000名武士，而其存储的物资粮草则可以坚持5年，我和廉老师在城堡里看到了3个大厅，其面积都非常大，应该是当年的营房或是仓库。在城堡内部靠近中央的位置，矗立着一幢黄色的石头房子，明显和其他建筑不是一个年代的，看了介绍，我们才知道这是奥斯曼时期修葺的监狱管理局。

除了核心建筑集中的南部，瞭望堡其他偌大的区域已经几乎沦为废墟了，我和廉老师走到城堡的东北角，向外俯瞰，下面的一个村子清晰可见。后来知道这个村子就叫作瞭望村，按照2004年的人口统计，当时这里的居民有2600多人。

瞭望堡的西北角是我们在城堡上停留时间最长的地方，那里是看海景的绝佳地点。远处海湾边上的小城就是巴尼亚斯，我们可以俯瞰其全景。海湾的蓝色令人沉醉，当日蔚蓝的天空也格外透亮，我和廉老师就坐在城堡角楼的废墟上，沉浸在海天一色的景致中。

距离城堡近处的海边还有一座发电厂，四个冒着白烟的烟囱清晰可见。后来过了很长时间，我才知道巴尼亚斯是邻国伊拉克一条石油外输管道的终点，这里还建有一处原油码头。这条管道据说由伊拉克石油管道公司（Oil Pipelines Company, OPC）修建，发电厂的燃料想必也曾经由这条原油管道提供。我在伊拉克工作时，还曾因公事拜访过OPC，现在回想起来，也是种缘分吧……

瞭望堡南端角楼

瞭望堡西南侧的堡墙，其双层结构清晰可见

瞭望堡南部的双层大厅，
面积很大

哥特风格的教堂大门

教堂内部保存至今的基督教彩绘

拉塔基亚省

拉塔基亚与乌加里特

拉塔基亚位于叙利亚西北部的地中海边，距离首都大马士革约385公里，是叙利亚最大的海港城市。按照2009年的统计，拉塔基亚的人口约有65万人，是继大马士革、阿勒颇、霍姆斯和哈马之后的叙利亚第五大城市。由于基本未受到内战的波及而成为战时"避风港"，当前拉塔基亚的人口比战前增加很多。

这个城市的历史能够追溯到数千年之前，不过其基础是在希腊化时代奠定的。公元前4世纪，塞琉古王朝的开拓者塞琉古一世（Seleucus I Nicator）在这里建立了一个希腊化的城市，并以其母亲劳迪希亚（Laodicea）的名字命名。我们在前文中提到，哈马省有著名的古城阿法米亚，其名字源自塞琉古一世的妻子阿帕梅（Apama），这方面与拉塔基亚如出一辙。以至于有时我想，塞琉古一世应该是一个很重视家庭的人……

在塞琉古王朝及其之后的罗马时期，拉塔基亚是一个重要的区域性城市，至今我们还能在市区看到罗马时期的神庙和凯旋门遗址，可惜保存到今天的遗迹并不多。由于在小亚细亚内陆还有一个城市被命名为劳迪希亚，作为区分，当时的拉塔基亚一般被称为"海边的劳迪希亚"（Laodicea ad Mare）或是"叙利亚的劳迪希亚"（Laodicea in Syria），而阿拉伯语的名称拉塔基亚（اللاذقية, al-Lādhiqīyah）大概是源自Laodicea的某种变体。今天的拉塔基亚市区主要是在公元18世纪奥斯曼时期发展起来的，其中港口的地理优势发挥了很大的作用。如今人们去拉塔基亚旅行，主要目的是到海边度假。当地有一个被称作"蓝色海岸"的海滨，我们当时也去那里看了看，不过并未停留很长时间，拉塔基亚博物馆是我们在市区主要参观的历史建筑。

拉塔基亚博物馆坐落在一个奥斯曼时期的古建筑内

拉塔基亚博物馆坐落的这处建筑据称修建于公元17世纪，最初叫作"烟火市场"（خان الدخان，Khān al-Dukhān）。叙利亚有不少奥斯曼时期的古市场，或称为"客栈"，顾名思义，这个"烟火市场"可能就是当年烟草商人的聚居之地。委任统治时期，法国人把这处房产买下，并从1936年开始将其作为委任统治当局的地方长官公署，当地人遂将其称为"总署"（مقرّ，Maqarr，"总部"的意思）。1986年，叙利亚政府将这里改造为拉塔基亚国家博物馆。

拉塔基亚国家博物馆并不大，但挺有特色，里面既能够看到不少希腊罗马风格的文物，比如雕塑和石棺等，也能看到许多伊斯兰时期的藏品，譬如古兰经手抄本和古代的盔甲武器。此外，这个博物馆建筑本身也很漂亮，其主体由黄色石头砌成，有着当时客栈的典型结构，总体呈四方形，内部有一个小庭院，正门前面一个精致的小花园里还露天陈列着不少展品。

到了拉塔基亚，很有必要去乌加里特看一看。乌加里特（أوغاريت，'Ūghārīt）是拉塔基亚市区以北约12公里的一处古王国考古遗址，位于靠近地中海边一个被称作"沙姆拉角"（رأس شمرا，Ra's Shamrā）的土丘之上。在我看来，乌加里特或许可以冠以"叙利亚殷墟"的称谓，因为中国河南安阳的殷墟以出土甲骨文闻名，而乌加里特则以出土了世界上最早的、完备的字母表而著称，此外两者都是都城，具有一定的相似性。

乌加里特是一个近东地区的古代王国，大约兴盛于公元前1800年至公元前1200年，其首都位于上文提到的沙姆拉角。这个地中海东岸的王国介于当时的几大国际势力之间：北部的赫梯王国、东部美索不达米亚的几个王国以及南部的埃及。其海上贸易一度非常发达，和周边的塞浦路斯、爱琴海诸岛屿等地中海东部地区的经贸往来十分活跃。虽然面积不是很大，但乌加里特还曾经颇有名气，譬如位于两河流域的马里王国的文献中就有记载，说马里国王曾在公元前1765年访问过乌加里特。

王国首都所在的沙姆拉角一公里之外就有一个天然港口，适于进行海上贸易，地理位置绝佳。历史上乌加里特除了贸易，还以金属手工制造业、纺织业和农业闻名。然而不幸的是，大约公元前1200年，王国的首都被一群来自海上的神秘敌人攻破，乌加里特随之被彻底摧毁。

遭遇灭国之后，乌加里特被遗忘和尘封了3000多年，直到公元1928年，一位叙利亚农民在沙姆拉角的土丘上犁地，偶然发现了一个古墓穴，乌加里特才得以重见天日。随后，在法国考古学家们的努力下，这个古王国首都的遗址被发掘出来，随之出土的还有大量珍贵的文物，包括青铜等金属器物、象牙、陶器和大量刻有文字的泥板，乌加里特的重要性也逐渐为世界所知晓。

作为王国的首都，沙姆拉角的面积并不大，虽然被外敌摧毁，但如今依旧可以看出当年的合理规划，其道路、市政建筑和民居都有条不紊。乌加里特王宫的面积约1万平方米，当年金碧辉煌，曾是古代东方著名的宫殿。此外，都城内部还有几个神庙，比如巴勒神庙（Temple of Baal），但是都已经毁坏殆尽了。

　　我们去乌加里特遗址的那天风和日丽，天气极好。一到景区入口，王宫的石头大门随即映入眼帘。其入口并不大，但是"子弹头"的形状让人印象深刻，这种形状的建筑在中东其他地方委实不多见，由此也成为乌加里特的标志之一。今天的乌加里特，只剩下一片被发掘出来的石头城遗址，几乎没有完整的建筑了。不过一些遗迹还是给我留下了比较深刻的印象，比如铺着石头地板的道路，这在后来的罗马时期被大量使用。还有一些石头的输水管道，也是古代地中海文明非常重视的卫生设施。

乌加里特遗址的标志——王宫大门，其开口的形状很奇特

值得一提的是，乌加里特至今保存最完好的建筑遗存是墓室。这些墓室修建在当时的地表以下，因此得以在3000多年前的兵火中幸存。我钻进了其中的好几个墓室，发现其内部的屋顶、四壁和地板全部用石头砌成，墙体上还凿出壁龛状的构造，不知道是不是当年供放祭品的地方。这些墓室作为阴阳两隔之地，又跨越千百年，对我而言，进入墓室的感受十分特别，令人记忆深刻。

　　现场并没有出土文物展厅，我们在乌加里特遗址没有停留太长时间，之后就返回拉塔基亚了。事实上，这个考古遗址出土了许多极富价值的文物，譬如其中的一只金碗，其侧面和底部有着精美的雕刻装饰，图案兼具南方的埃及和东方的美索不达米亚两种风格，侧面反映了乌加里特居于其间并从事贸易交流的历史。

乌加里特都城考古遗址现状

当然，整个遗址最著名的出土文物非乌加里特字母表莫属。乌加里特语属于古代西北闪米特语的一个分支，文字用字母拼写。1928年，一块泥板被法国考古学家发现，其历史可追溯到公元前1400年，泥板上面刻有30个乌加里特字母，这是世界上迄今发现的最早的完整的字母表，被誉为继埃及象形文字和两河流域楔形文字之后，人类语言史上最重要的发现。

客观地讲，乌加里特文字算不上世界上最早的字母文字。和周边的几种主要古代文字比较起来，乌加里特文字形似两河流域的阿卡德文字：看起来很像是楔形文字，但是神似著名的腓尼基文字——同为字母文字，不过腓尼基文字是从右往左写，而乌加里特文字是从左往右。随着公元前1200年王国的毁灭，乌加里特语也随之灭绝了，但是这门语言体现了几种古代文明的交融，有着独特的、神秘的魅力。

叙利亚人用"乌加里特"命名了很多事物，至今我还记得，当年留学时喝过的一种饮料就叫作"乌加里特"。叙利亚作为古代世界文明的摇篮，这个国家的人民也的确有资格引以为豪。

一处墓穴的内部状况，墙上有壁龛

山巅之上——萨拉丁城堡

萨拉丁城堡的入口，位于城堡南侧，门很小，在一个巨大的塔楼之下

提到萨拉丁城堡（Castle of Saladin），我依然能回忆起自己当年在这里驻足时迸发出的惊叹之情，用"山巅之上"或"悬崖之上"来形容这座建筑都是恰如其分的。这座城堡在拉塔基亚市以东约30公里处，位于叙利亚沿海山脉的分水岭一带，周围是森林遍布的崇山峻岭，其南北两侧各是一条深谷，萨拉丁城堡位于其间一块东西向狭长的高地上，这两条深谷在高地的西侧交汇，构成了萨拉丁城堡的自然屏障，也可以看出其选址是前人煞费了苦心的。除了南、北和西侧的天然深壑，曾经的薄弱地段——城堡东侧居然被人工在岩石山体上凿出了一条深沟，形成了保护城堡的绝壁，令人叹为观止。萨拉丁堡和塔尔图斯省的瞭望堡、霍姆斯省的骑士堡并称为叙利亚三大十字军堡垒。在我看来，虽然萨拉丁城堡的保存状态不算很好，但它却是最有气势的，也是叙利亚整个十字军时期军事建筑的巅峰。

在如今的阿拉伯世界里，譬如埃及和约旦有好几个以萨拉丁命名的城堡，我本人也在开罗两次游览过那里的萨拉丁城堡。本书中叙利亚拉塔基亚附近的这个城堡，其实在历史上的大部分时间里被称作"萨哈尤恩城堡"（Sahyun Castle）[1]，拜占庭人将其称为Sigon，而后继的十字军法兰克人则把这里叫作Saône。关于"萨哈尤恩"这个名字的来历，一说是古叙利亚语中"山上塔楼"的意思，另一说是希腊语中"要塞"的意思，我认为皆有可能。另外，或许这个名字就是Saône在阿拉伯文中的音译。但是"萨哈尤恩"在现代阿拉伯语中指的是"锡安山"——耶路撒冷附近的一座小山，会让人联想到犹太复国主义，所以这个名字今天看起来是有些奇怪的。在历史上，"萨哈尤恩城堡"于公元1188年被穆斯林世界的大英雄萨拉丁攻克，并成为其创立的艾优卜王朝的一个重要的军事据点，因此这座要塞在后来被顺理成章地命名为萨拉丁城堡[2]。

---

① 对应的阿文是 قلعة صهيون，Qalʻat Ṣahyūn。
② 为了避免混淆，本书一律用"萨拉丁城堡"来称呼这座古建筑。

萨拉丁城堡东侧，可见人工凿出的绝壁

根据目前已知的资料，早在公元10世纪，以阿勒颇为中心的穆斯林哈木丹王国（الدولة الحمدانية, al-Dawlah al-Ḥamdānīyah）就开始在这里修筑军事建筑，大概是当时王国的统治者赛义夫·道莱（سيف الدولة, Sayf al-Dawlah）看上了这里的险要地势，认为可以在此筑堡，以控制连接西部沿海地区和东部阿绥河谷平原的战略要道。

　　公元975年，随着穆斯林王国的分裂和衰落，拜占庭人大举南下并攻占了萨拉丁城堡，一直到1108年法兰克人占领了拉塔基亚及其周边地区，萨拉丁城堡才被十字军控制。在拜占庭人统治的100多年内，这里的不少建筑都修筑起来了，包括内外两层堡墙，以及城堡核心处高耸的主塔楼——其中的一部分得以留存至今，是萨拉丁城堡内现存年代最久远的建筑。

从入口登上城堡后看到的两个大塔楼（十字军时期），其中远处塔楼的下方是人工凿出的悬崖绝壁，左侧中间的墙体，根据建筑材料可以判断为拜占庭时期的城堡外墙

城堡中部最高点的遗存，可见拜占庭时期城堡的主塔楼和其周边内墙的遗址

　　在十字军统治时期，萨拉丁城堡被法兰克人命名为"索恩"（Saône），并成为安提俄克公国（Principality of Antioch）的一部分。不同于骑士堡或瞭望堡归属于医院骑士团，萨拉丁城堡则成了安提俄克公国罗伯特男爵的家族领地，这位罗伯特通常被称作"Robert the Leper"，顾名思义是一位麻风病人[①]。罗伯特的出身在历史上没有留下什么资料，我们只知道他后来在和周边的突厥穆斯林王国的作战中失利，最后在大马士革被处决。罗伯特男爵殒命之后，他的儿子威廉（William of Zardana）及其后人继承了包括萨拉丁城堡在内的财产，并一直统治到公元1188年萨拉丁军队的到来。

　　在罗伯特和威廉等人的统治时期，萨拉丁城堡在原先拜占庭堡垒的基础上得到了重大的改造和扩建。法兰克人按照当时十字军战争机器的建

---

① 当时麻风病在中东地区是比较严重的，譬如12世纪十字军耶路撒冷王国的国王鲍德温四世也是一位麻风病人，这在电影《天国王朝》中也有所体现。

筑风格，以原拜占庭城堡为核心，向西侧进行了大规模的扩建，修筑堡墙将整片山头囊括进来，在东侧进行了小幅的扩展，并挖掘出至今尚存的绝壁深沟作为防御屏障，还有多个雄伟的塔楼沿着整个城堡的外墙被修筑起来。此外，城堡内部的教堂、房舍和水窖等建筑也在这一时期完工。虽然萨拉丁城堡的十字军时期只有区区80年，但却是其最蓬勃发展的一个阶段，并且奠定了城堡今天的基本面貌。能看得出法兰克人对萨拉丁城堡是高度重视的，可以说这里凝结着罗伯特父子及其后人数十年的心血。

站在城堡北墙对面的山顶上眺望，只能看到这个极度狭长的建筑的一部分。左侧最高点是当年拜占庭核心堡垒的遗址，其下方的白色大塔楼是十字军时期修建的，大概位于当年拜占庭堡垒的西侧外墙一带，成为十字军时期城堡西侧内墙的主要防御工事，大塔楼以西则为外侧堡垒（外堡），地势逐渐降低，外堡中间还可见一处内部关卡　摄影：廉超群

　　经过法兰克人80年的苦心经营，萨拉丁城堡可谓固若金汤，成为当时十字军战争建筑的巅峰之作，但让人意想不到的是，在叙利亚地区十字军的主要堡垒中，这个城堡却是最早一批被穆斯林攻陷的。

　　公元1188年，在取得赫淀战役大捷和收复耶路撒冷之后，萨拉丁乘势开始扫荡地中海东岸的十字军势力，并且到达今天的萨拉丁城堡。虽然这个山巅上的堡垒异常坚固，但或许考虑到其地理环境相对偏僻，加之是家族统治而缺少外援，且不会过多刺激到诸如医院骑士团这样的十字军强硬势力，于是萨拉丁决心要将其攻占下来。

对于这个城堡的攻取，体现了萨拉丁卓越的军事才能。他和他的儿子扎希尔·加齐（الظاهر غازي, al-Ẓāhir Ghāzī）兵分两路形成对城堡的围困，一方面，萨拉丁亲率军队屯驻在城堡的东侧高地上，虽然隔着人工开凿的绝壁，攻城战士们难以靠近堡墙，但毕竟绝对距离较近，因此萨拉丁下令用投石机进行了连续两天的攻击，对城堡造成了很大的损坏，也对守军造成了较大的威慑。另一方面，扎希尔率领军队从城堡相对海拔最低和外围坡度最缓的部分——外堡北墙的西部进行了突击，并在一天之内突破了外墙。后来不久，内侧堡墙也被扎希尔的战士攻破，守军只能退守到最中间的主塔楼，在看到坚守无望之后，守军最后选择了缴纳赎金并在签订协议后投降。

外堡北墙的西侧（中间靠下侧城墙）是整个城堡的最西端，也是相对地势最低的地方，当年扎希尔的军队很可能就是从此处攻入萨拉丁城堡的

这个城堡看似固若金汤，然而在萨拉丁的强势攻击下，只经历了三天就被攻陷。而当时和萨拉丁城堡齐名的一些十字军堡垒，譬如塔尔图斯附近的瞭望堡，萨拉丁的军队曾在1188年从这个城堡下面经过，但避之而未战，并径直向北进发。至于瞭望堡被穆斯林军队攻克，则要等到1285年麦木鲁克王朝素丹盖拉温的时期了，距离萨拉丁的擦肩而过又过去了近100年。

1272年，麦木鲁克王朝的素丹拜伯尔斯开始控制萨拉丁城堡，这座要塞进入了一个新的时期。拜伯尔斯的继任者盖拉温素丹在任时期，当时王国内的二号人物、大马士革的统治者桑古尔（سنقر الأشقر，Sunqur al-'Ashqar）[①]和盖拉温不睦，于是他放弃大马士革转战到叙利亚北部地区，并在那里建立了自己的半独立王国，桑古尔选择了萨拉丁城堡作为自己的行政中心——这也反映出当时这个城堡在王国内的重要地位。1287年，与桑古尔和解不成，盖拉温遂派出一支军队将萨拉丁城堡团团围困起来。看到抵抗无望后，桑古尔开门投降，于是发生在萨拉丁城堡的这场麦木鲁克内乱也得以平息。

1516年，奥斯曼土耳其军队击败麦木鲁克人，开始统治叙利亚地区。萨拉丁城堡在这一时期逐渐被废弃，由于其地处较为偏僻的山区，周围植被条件也很好，因此这座曾经辉煌壮丽的古堡渐渐沦为长满各种植物的废墟。

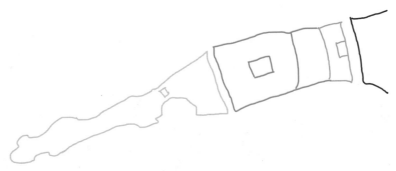

萨拉丁城堡的主要结构和组成，从左往右（从西向东）依次是：外堡（橘黄色）、内堡（绿色）、防御区（蓝色）、被人工沟堑隔开的东部高地（黑色）。该图为本书作者手绘，做大致示意

---

① Al-'Ashqar在阿拉伯文中的意思是"长着金黄色头发的人"。

我们当年游览萨拉丁城堡，是从拉塔基亚包了一辆面包车往返的，依稀还记得当时的司机对于能陪着我们来一趟这座古堡，表现得既兴奋又有些自豪。游览的时候，我们一方面不断赞叹这座古堡的险要和宏伟，另一方面也感慨于其面积之大，以致我们并没能像游览其他城堡一样先绕着堡墙走上一整圈。

　　这座城堡的南北两侧各是一条天然深谷，其建筑的东西向总长度达到700多米，相对于叙利亚其他的堡垒，这里更像是一座城市。其中，核心部分是内堡，也是海拔最高的地方，这里是当年的拜占庭堡垒。内堡制高点上的主塔楼非常醒目，但是今天除了一面墙，其他部分已经坍塌殆尽，不过我们依然可以看出这座主塔楼的墙体非常厚，目测有好几米。除了主塔楼，诸如教堂、清真寺这类宗教建筑也在内堡，可见当年内堡是整座城堡的行政和宗教核心。

　　内堡以西是狭长的外堡，如果将古堡看作一座城市，这里可以算作外城。外堡的城墙修筑于十字军时期，这里大概是当时守军的家属和常住居民的聚居地。外堡的地势比内堡要低许多，如今已经完全被植物覆盖，丝毫看不到当年的建筑遗存了。据说内堡和外堡之间还曾经有一条防御性的壕沟，萨拉丁的儿子扎希尔当年率军攻入的时候，这条壕沟还在挖掘之中，可是如今已经完全不见了踪影。此外，从地形上讲，外堡的中间还有一块非常狭窄的地段，当年的法兰克人在此设置了几座塔楼，以便实现分区防御，我和廉老师等人当年就走到了这几座塔楼，实在没有力气继续前进，随后被迫折返。

　　再说说防御区，这个命名完全来自我对这块区域功能的理解，其位于整个城堡的最东侧，介于拜占庭城堡的外墙和十字军时期东侧堡墙之间。如果套用中国古代的城防建筑，这个部分可以算是一个放大版的瓮城。防御区是一块面积不大的狭长地带，这里有整个城堡最大的两个塔楼，并且其地面以下也有很多房间，可用作兵营。

　　由于在城堡设立之初，其东侧几乎无险可守，自然是最薄弱的环节，因此十字军对其进行重修时，在这里苦心营造出"深沟高墙"。高墙是整个城堡的东墙，而深沟则是萨拉丁城堡最令人惊叹的地方之一，这处沟壑大约深28米，长150多米，宽约20米，完全在岩石上用人工凿出，以至于形成了刀砍斧劈一般的绝壁，人们不论从哪个角度离近了看，都感觉脊背发凉。

　　站在内堡和外堡（内城和外城）交界处，可以看到外堡（外城）的全貌。中间狭窄地段十字军设置的塔楼清晰可见，我和廉老师等人当年也就走到这几座塔楼便折返了。向西远眺，还可见极远处的水库，山河古迹尽收眼底，景色极为壮观

站在内堡的主塔楼遗址顶端向东俯瞰，可见曾经高耸的教堂钟楼——也是后来的宣礼塔，东侧的防御区也非常清晰，可见十字军时期的两个塔楼，再往东隔着壕沟就是东部高地

　　难以想象在当年完成这处绝壁的开凿消耗了多少人工。我猜想，当时的情景大概是一边采石、一边筑城的，法兰克人就地取材，深沟和高墙两项工作同步进行。此外，在沟壑中人为留下了一条和城堡等高的桥墩，以便架设沟通城堡防御区主塔楼和东侧高地的吊桥。可惜的是我们游览时，当年的吊桥早已不知所终，否则我还真想跨越人工沟壑去对面的高地看一看……

　　那天的叙利亚司机对路很熟，待我们游览完毕从城堡南门出来之后，又开车载我们去了两处经典的观景点：工人沟壑的底部，那里可以仰望悬崖上的堡墙；还有城堡北侧的山顶，那里可观萨拉丁城堡之全景。

　　我们是在2005年游览的萨拉丁城堡，2006年，萨拉丁城堡和骑士堡一同被联合国教科文组织收入世界文化遗产名录，这座城堡在叙利亚内战中没有受到破坏。萨拉丁城堡给我印象最深之处在于其气吞山河的气势，但愿有朝一日我还能重游这座山巅上的古堡，用自己的双脚进行一次完整的丈量。

穆斯林在城堡上修建的清真寺大门，大致始建于艾优卜王朝

　　站在沟壑底部，可以仰望上方的城堡墙体，道路中间是"定海神针"一般的吊桥桥墩，我个
人猜测这个桥墩是当年开凿沟壑和采石的时候刻意留下来的一部分

北部地区

阿勒颇省

魂牵阿勒颇

终于到了写阿勒颇的时候了，我的心情却十分复杂，不知如何下笔，不由得想起鲁迅先生的文字"悲剧将人生的有价值的东西毁灭给人看"。作为曾经叙利亚的第一大城市，也是世界文化遗产的阿勒颇，其战后惨状俨然成为整个叙利亚内战悲剧的典型代表。午夜梦回，恍惚间自己穿行在阿勒颇老城那成片的废墟之中，"纵使相逢应不识，尘满面，鬓如霜"，大约"惟有泪千行"。

阿勒颇老城的古建筑和街巷，2005 年

阿勒颇是一个令我痴迷不已的地方，除了大马士革，叙利亚城市里最让我流连忘返的当属此地。到阿勒颇之前，我仅仅知道那里是叙利亚的第一大城市，也是一个制造业中心，以为若将大马士革比作北京，阿勒颇应该近似于上海，可能是现代化的高楼林立，哪知到了之后才发现完全不是这样。

　　第一次造访阿勒颇是在2005年的1月，我和廉老师两人在叙利亚阴冷潮湿的冬天，从大马士革长途汽车站坐大巴抵达阿勒颇。当时整个城市都在乌云的笼罩之中，冬雨淅淅沥沥下个不停。我们乘出租车径直前往阿勒颇城堡，登上大城堡之后，天气开始转晴，日光从乌云的缝隙中散射到城市的各个角落，一片蓝天忽隐忽现。踱步在城堡的外墙边缘，向四下俯瞰，我终于看清了阿勒颇的真面目：这座城市环绕在大城堡的四周，高耸的宣礼塔、狭窄的街巷、醒目的浴室、各种古建筑令人目不暇接，完全是一派中世纪伊斯兰古城的景象，看起来实在比大马士革还要古老。毫无保留地，我爱上了阿勒颇。

　　留学期间，我曾三次造访、途经阿勒颇，这座城市，尤其是作为联合国教科文组织世界文化遗产的阿勒颇老城给我留下了极深的印象，在惊叹于古城保存得如此完好之余，我一直遗憾没有机会像游历大马士革一样仔细品味这座古城。

　　叙利亚内战爆发一段时间之后，阿勒颇的坏消息相继传到我的耳朵里，没想到后来竟一发不可收拾。从2012年7月到2016年12月，阿勒颇爆发了激烈的战斗，当时叙利亚几乎所有的主要武装派别都参与其中，后来形成了政府军控制的西阿勒颇和反对派武装控制的东阿勒颇之间的长期对峙，而阿勒颇老城不幸成为两股势力的拉锯地带。阿勒颇战役大概是21世纪以来人类最惨痛的城市争夺战，在4年多的反复拉锯之中，有3万多人死亡，占叙利亚内战总死亡人数的十分之一，此外还有数十万人逃离家园。内战中阿勒颇市大量的城区沦为废墟，老城也未能幸免，根据联合国教科文组织的统计，阿勒颇老城大约有60%的古建筑严重受损，近30%的古建筑从世界上彻底消失了。

阿勒颇安塔基亚门附近的一个清真寺，大门和宣礼塔融为一体，可惜内战中该宣礼塔毁于兵火

作为内战中最惨烈的篇章之一，阿勒颇战役是整个叙利亚内战的缩影，近年来每当看到相关的报道，我的内心都会被深深地刺痛，而事实上，叙利亚内战对于我个人的心理和生活其实也产生了不小的影响。目睹过战前阿勒颇的古老和美好，又旁观过残酷内战对这座城市的毁坏，我不知道自己是幸运的抑或是不幸的。我能做的，也只是怀着复杂的心情写下一点我对这座城市的回忆。

阿勒颇伍麦叶清真大寺，可见奥斯曼风格的穹顶和庭院中刚刚修缮过的光洁的大理石地面，这个清真寺在内战中严重受损

和以往一样，咱们先说说这座城市的历史。

阿勒颇的城市文明至少能够追溯到5000年以前，和大马士革一样，都是人类持续居住时间最长的城市之一。阿勒颇位于叙利亚北部，靠近土耳其的边境，在东西方向连接着地中海和两河流域，在南北方向沟通了大马士革等重要内陆城市和今天土耳其所在的安纳托利亚高原，占有非常

重要的地理位置，自古以来就是商业中心和兵家必争之地。阿勒颇在古代西亚语言里被称作"哈莱卜"（Halab），也是今天其阿拉伯文名字（حلب，Ḥalab）的来源。在希腊罗马时期，这个城市的名字发生了比较大的变化，被称为 Beroea。十字军战争期间，来自欧洲的十字军战士把阿勒颇称为 Alep，大概是从其阿拉伯文名字转写而来的，今天我们常用的西文名字 Aleppo 是 Alep 的意大利文版本。

在东罗马帝国时期，被称为 Beroea 的阿勒颇一度很繁荣，成为叙利亚行省内仅次于首府安提俄克的第二大城市。公元 7 世纪进入伊斯兰时期之后，阿勒颇在很长一段时间内成为阿拉伯帝国和拜占庭帝国的拉锯地带。公元 944 年，以阿勒颇为首都，一个独立的国家——哈木丹王国建立起来，国王名叫阿里·本·阿卜杜拉（علي بن عبد الله，'Alī bun 'Abdullāh），他被冠以赛义夫·道莱（意为国之宝剑）的尊号。哈木丹王国一度很强盛，国王也非常重视文学等学科，一时间阿勒颇学者云集，星光璀璨，那段日子是阿勒颇历史上的一个黄金时期。

公元 1124—1125 年，阿勒颇被耶路撒冷的国王鲍德温二世（Baldwin II）带领十字军围困，随后进行了成功的抵抗。公元 1260 年，成吉思汗的孙子旭烈兀率领军队攻占了阿勒颇，随后进行了血腥屠杀，后来在公元 1400 年，帖木儿带领军队再次攻破阿勒颇并杀人无数，据说当时阿勒颇城堡的壕沟竟被死尸填平。随着两次被蒙古人破城，阿勒颇城也遭到巨大破坏。

公元 16 世纪初进入奥斯曼帝国时期之后，在发达的商业等因素的推动下，阿勒颇发展成整个叙利亚地区最大的城市，并和伊斯坦布尔、开罗一起，并称为奥斯曼帝国境内的三大城市。

内战之前，阿勒颇曾是叙利亚的第一大城市，市区人口在 2011 年约有 250 万人，其中 80% 为逊尼派穆斯林，剩余的 20% 大多是基督教群体。此外，阿勒颇的居民也呈现出显著的多样性，阿拉伯人、库尔德人、波斯人、土耳其人、亚美尼亚人等和谐相处。受到战争的影响，目前的阿勒颇大概已经变成叙利亚的第二大城市了，而且没有明确的人口统计，至今尚有为数众多的居民生活在战争遗留下的巨大废墟之中。

建于16世纪的阿迪利叶
清真寺（جامع العادلية, Jāmi‘
al-‘Ādilīyah）的大门，该建
筑在内战中损毁严重

阿勒颇的一处基督教堂，这个城市的居民中有大量的基督徒

老城是阿勒颇历史建筑的精髓所在，罗马、伍麦叶、塞尔柱克、艾优卜、麦木鲁克、奥斯曼和法国委任统治等各个朝代和时期都在这里留下了不同风格的古建筑。一个规模宏大、建筑精美且保存完好的伊斯兰古城，曾是阿勒颇老城最显著的特征。

由于交通便利和商业发达等因素，从12世纪到19世纪，在艾优卜、麦木鲁克和奥斯曼三个王朝统治期间，阿勒颇在叙利亚地区都是首屈一指的城市，并且留下了大量的古建筑。但随着1869年苏伊士运河通航，新航路的出现沉重打击了阿勒颇的商业，一战后奥斯曼帝国的瓦解，又在很大程度上切断了阿勒颇和小亚细亚以及地中海的商业联系，加速了这座城市的衰落。现代化进程的缓慢，反而在客观上促成了阿勒颇历史建筑的保存，以至于老城的很多街区，都完整地保存着16世纪的风貌，这也是其成为世界文化遗产的历史因素。

我记忆中的阿勒颇老城，年代和风格迥异的伊斯兰古建筑星罗棋布，清真寺的宣礼塔鳞次栉比，绵延不绝的古市场里人流不息，狭窄和曲折的石头街巷沟通起古学校、古医院（比马利斯坦）、古宅和浴室等建筑，简直十步一景，令人目不暇接。

当年游览老城，我和廉老师从东侧的安塔基亚门开始，向市中心的大城堡信步进发，不需要什么明确的路线，随心而行即可，这种旅行也是我最享受的方式。阿勒颇老城古迹众多，下面聊几个我个人印象较深的建筑。

首先是阿勒颇伍麦叶清真大寺，这个名字很容易让人联想到大马士革的伍麦叶清真大寺。该寺建成于公元717年，即伍麦叶王朝的哈里发苏莱曼·本·阿卜杜勒·麦利克（سليمان بن عبد الملك, Sulaymān bun 'Abdu al-Malik）在位时期，位于城堡以东，是老城内的标志性建筑，也叫"阿勒颇清真大寺"，是阿勒颇最大、最雄伟的清真寺。公元1158年努尔丁对清真寺进行了修复，1260年的蒙古西征对其造成了严重毁坏。

阿勒颇伍麦叶清真大寺只有一个宣礼塔，建于公元1090年的塞尔柱克时期，是整个建筑的镇寺之宝，其方正的形状一看便知是伊斯兰早期的宣礼塔造型。清真寺有宽大的礼拜殿和铺满了几何形状大理石地板的庭院。我们参观的时候，整个古寺正在修缮之中，遍地摆放着装修工具和材料。

阿勒颇伍麦叶清真大寺的宣礼塔，在内战中不幸完全倒塌

清真寺修缮完毕没过几年便遭遇了内战，2013年4月的一天，我在北京下班的途中用手机浏览新闻，突然看到阿勒颇伍麦叶清真大寺在战火中受损的图片，标志性的宣礼塔居然已经完全倒塌，怎能不让人心痛呢？

后来知道在内战期间，这个有着近千年历史的古宣礼塔，竟然被作为制高点而成为狙击手的藏身之地，塔身上端的栏杆处也被放置了很多沙袋用于掩护。古塔毁于阿勒颇战役之后，交战双方对此互相指责以推卸责任。不幸中的万幸是，清真寺的其他部分虽然受损严重但主体尚存。

宣礼塔往往是清真寺的点睛之笔所在，阿勒颇伍麦叶清真大寺的遭遇不禁让我联想到几年之后在伊拉克上演的另一出悲剧：2017年6月，摩苏尔清真大寺标志性的"驼背"宣礼塔被极端组织彻底炸毁……近两年我听到的一个好消息是，叙利亚政府已经在战后优先启动了阿勒颇伍麦叶清真大寺的重建工作。

再说说其他两个清真寺：一个叫作乌特鲁什清真寺（جامع الأطروش，Jāmi' al-'Uṭrūsh），位于城堡以南不远处，建于14世纪末麦木鲁克在阿勒颇的统治者乌特鲁什在任时期，其高耸的八边形宣礼塔是整个建筑的主要特征。阿勒颇内战期间，这个清真寺受到部分损毁，其宣礼塔的上半部分不幸倒塌，近几年正在修复过程中。

另一个是胡斯鲁维叶清真寺（جامع الخسروية，Jāmi' al-Khusruwīyah），位于城堡的东南侧，是典型的奥斯曼风格清真寺，修建于公元16世纪的奥斯曼帝国阿勒颇行政长官胡斯鲁执政时期，由当时著名的建筑大师息南设计。这个清真寺其实是一组建筑群，由清真寺、学校和客栈等构成，可惜在阿勒颇战役中被完全毁掉了。

耶勒布加·纳斯里浴室（حمام يلبغا الناصري，Ḥammām Yalbughā al-Nāṣirī）是阿勒颇著名的古浴室，靠近城堡东南边缘的壕沟，大约建于艾优卜王朝，后毁于蒙古入侵时的兵火。公元14世纪，麦木鲁克王朝派驻阿勒颇的统治者耶勒布加·纳斯里将其修复。阿拉伯叙利亚共和国建立后，对该浴室进行了保护，于1985年完成修缮并对外开放。当时我走到浴室的大门外，发现其营业时间很有特色：一周中有几日是女士专场，另外几日仅对男士开放。这个浴室外观上最显著的特点就是其鲜艳的黄色穹顶，从高处的阿勒颇城堡上看，非常漂亮、醒目。

建于麦木鲁克时期的乌特鲁仕清真寺，在内战中部分受损

具有典型奥斯曼风格的胡斯鲁维叶清真寺，已经彻底消失

我从叙利亚回国后，每每回忆起自己当时未能在那些古浴室里沐浴一次，就觉得非常遗憾，这种遗憾大约很难在将来弥补了。这个古浴室在阿勒颇战役中受到严重损毁，至今仍处于荒废的状态。

耶勒布加·纳斯里浴室，战前一直在营业，内战中受损严重，已荒废数年

　　宰相市场（خان الوزير, Khān al-Wazīr）是阿勒颇最著名的市场之一，位于城堡和阿勒颇伍麦叶清真大寺之间，兴建于奥斯曼帝国时期的1863年，曾是阿勒颇最主要的棉织品市场。这个古市场最突出的特征是其大门两侧和上端的黄色和黑色条石，其色调搭配非常醒目也十分漂亮。

　　此外，老城内还有很多颇具韵味的古市场，有好几百年甚至上千年的历史。这些古市场的结构非常精巧，我印象最深的就是其通风和照明系统：市场顶部每隔一段距离就建有一个"天窗"，这些天窗是带顶的，从房顶中部向上开启，因此在透气进光的同时还不漏雨。历经数百年，古市场的地砖已被踩得凹凸不平，让人感受到其沧桑的历史，更重要的是，这些古市场几乎都在使用，各种商品琳琅满目，顾客熙来攘往，古物新生，实在是一种很奇妙的感觉。

阿勒颇老城的古市场总体上受损严重，有很多已经完全沦为废墟，比如大城堡旁边著名的"城市市场"（سوق المدينة, Sūq al-Madīnah）。这些古市场曾是阿勒颇的一种商业场所和城市文化，也是一种生活方式，不禁让人扼腕叹息。

　　此外，法国委任统治时期的阿勒颇市政大楼（سراي حلب الكبير, Sarāy Ḥalab al-Kabīr）也值得一提。这是一座典型且有象征意义的近代建筑，位于城堡正南侧，修建于1928年至1933年，从1933年投入使用到2008年新的市政大楼建成，它一直是作为阿勒颇的市政大楼而存在的。阿勒颇战役期间，政府军一直在此建筑内固守，2014年8月，反对派武装通过挖地道的方式，在大楼地下安装了大量炸药，并将其彻底炸毁。

近代建筑的代表——建于法国委任统治时期的市政大楼，已经完全消失

　　最后再说一下仕巴尼学校（مدرسة الشيباني, Madrasat al-Shībānī）。该校位于城堡西南方向约300米处，始建于公元12世纪，历史上曾是穆斯林和基督徒都使用过的宗教学校，经历过多次修缮。这个学校在内战前是阿勒颇的一处公共文化设施，经常举办各种展览。

仕巴尼学校的内部庭院，典雅大方，环境优美，内战中受到轻度损毁

　　上文提到，由于时间有限，我始终没能在阿勒颇古城里好好逛一逛，这一直让我颇感遗憾。2005年5月，我独自一人从哈塞克（الحسكة, al-Ḥasakah）返回大马士革，途经阿勒颇转车，其间有不到一天的空档。利用这个机会，我迫不及待地去阿勒颇老城里"贪婪"地转了好一会儿，当时快要结束留学返回国内了，实在不知道何时能再次造访。

　　还记得当时我信步走进了仕巴尼学校，这个古建筑已经改造成展览馆，里面正在举办一场免费的摄影展，名字叫作"阿勒颇的日子"（أيام حلبية, 'Ayyām Ḥalabīyah），主要通过照片展现阿勒颇优美的古迹，以及当地穆斯林和基督徒居民悠然自得的生活状态。还记得其中的一张照片里面，阿勒颇大城堡被包围在一座古城之中，城堡下的不远处，高耸着阿勒颇伍麦叶清真大寺的宣礼塔，这一切都沉浸在夕阳西下时壮丽的金色余晖之中，这是我在阿勒颇老城最后留下的不舍回忆。

阿勒颇城堡

　　我和廉老师在阿勒颇旅行的第一站就是大城堡，因为那里是整座阿勒颇古城的象征，而那位于城堡入口处的前后两个大塔楼，建于公元13世纪艾优卜王朝时期，庄严且巍峨，是整个城堡的标志。

　　阿勒颇城堡位于老城中心略偏东的位置，居高临下，是整个城市里最醒目的建筑。这个城堡完全被城墙包裹在内，而不像大马士革城堡一样位于城墙的一角。阿勒颇城堡所在的这块地方历史极为悠久，始建于公元前3000年中叶的风暴之神——哈达德（Hadad）神庙在这里出土，说明此地自古以来便是整个城市的核心和圣地。通常来讲，一个城市圣地的位置是不容易改变的，这不禁让我们联想到今天的大马士革伍麦叶清真大寺曾经也是哈达德神庙的所在地。

　　在阿勒颇城堡内，塞琉古和罗马时期的建筑保存至今的极少，古浴室附近一条路的两侧还有拜占庭时期的拱券残段，我看到旁边的牌子上面写着"拜占庭大厅"（القاعة البينزنطية, al-Qā'ah al-Bīnzanṭīyah）。除此以外，大概就是现存的两个清真寺了，是从拜占庭时期的教堂改造而成的。

　　大城堡现存的主体建筑修建于艾优卜时期。王朝开拓者萨拉丁的儿子加齐统治阿勒颇期间（公元1193—1215年），对城堡进行了大规模的修缮。堡墙上修筑起多个塔楼，四周的陡坡也被覆上护坡石，今天我们能见到的入口处的大塔楼、宫殿、浴室、清真寺、大水窖等建筑都源自那个时期，阿勒颇城堡在那时已经具备了完整的居住、宗教和军事功能。

　　公元1260年和1400年，阿勒颇城堡两次被蒙古人攻占并破坏。1415年麦木鲁克在阿勒颇的统治者——埃米尔赛义夫·丁对城堡进行了重修，宝座大厅（قاعة العرش, Qā'at al-'Arsh）在入口处大塔楼的顶层建立起来，成为埃米尔的公署。城堡南北侧护坡上也建立起两个独立的大塔楼。

　　在随后的奥斯曼时期，随着城堡的军事功能日趋退化，大城堡逐渐演变成了一个奥斯曼兵营。法国委任统治时期（1920—1945年），法国人将这个城堡用作兵营之余，还从20世纪30年代开始在这里进行了考古发掘。

城堡入口处的大塔楼，气势恢宏，塔楼的顶端是麦木鲁克埃米尔的公署宝座大厅

阿拉伯叙利亚共和国建立起来之后，大城堡逐渐变成了阿勒颇的文化和旅游中心，考古工作依然在进行。1980年在城堡内部新建起了一座罗马式的半圆形露天剧场，定期举办音乐会和其他文化活动。城堡周围遍布餐厅、咖啡厅和古市场，是当地居民和外来游客的主要去处。

城堡西南方向入口处的防御建筑系统——前、后塔楼以及将二者连接起来的拱桥，陡坡、护坡石和壕沟清晰可见

阿勒颇城堡地势险要，堡墙坚固，可以用固若金汤来形容。这个城堡建立在一处距地面约38米的椭圆形的高地上，四周挖有宽约26米，最深处约22米的壕沟，壕沟在战时灌满水。城堡的护坡很陡峭，倾斜度约48°，曾经铺满了光滑的石头，外部石料的横切面呈三角形，铺在梯形的石基上，让人不禁联想起埃及金字塔最初的外立面结构，可惜目前大多已经脱落。城堡的外墙高约12米，共有44个塔楼点缀其间。

引人注目的是，城堡南北两侧的护坡上各有一座独立的大塔楼，都是麦木鲁克时期修建的，两座塔楼与城堡主体分离，各有四层高，上面布满了射箭口，有些类似于前沿碉堡。其中，南塔位置较低，坐落在护坡的最下方，和壕沟底部相接，高约28米，目前保存完好；北塔坐落在护坡中间的位置，其顶部已经完全塌陷。当时游览大城堡的时候，我很好奇这两座孤塔怎样与城堡主体连接，后来看了资料才知道，原来护坡地下有暗道相通，不禁感叹当时的战争艺术之发达。这种形式的军事建筑，放眼整个叙利亚也只有在阿勒颇才能得见。

谁能想到在后来持续4年多的阿勒颇战役中，挖地道的方法竟被广泛应用，譬如城堡南边的前阿勒颇市政大楼，就是被用挖地道的方式在下方安置大量炸药并彻底摧毁了。

想要进入城堡，首先需通过一座高架的石桥，石桥中间设一座带门的塔楼，成为第一道屏障，石桥和城堡主体连接处设一座大塔楼，也是整个城堡现存最大的塔楼。大塔楼内部有三道门，其中第一道是著名的蛇门（باب الحيات，Bāb al-Ḥayyāt），门上的雕塑是四条首尾交织在一起的蟒蛇，每条蛇都张开血盆大口；穿过蛇门，内部还有两道狮门（باب الأسدين，Bāb al-'Asadayn），每个门的两侧各有一只狮子，这四条蟒蛇和四只狮子一并成为门神，镇守着城堡的主门。三道门之间有几十米长的通道，通道两侧的墙壁上布满了射箭孔，三道门可以根据需要开启或关闭其中的一道或几道，其功能有些类似于中国古代城池的瓮城。

我和廉老师先沿着城堡底部走了一周，然后才经石桥从正门进入城堡。通过大塔楼的三道门之后，我们才得以进入修建于麦木鲁克时期的宝座大厅，这是当年本地行政长官埃米尔的公署。大厅内比较阴暗，但是看得出屋顶的木雕装饰和吊灯非常精美，这种风格让我联想到在大马士革参观过的很多古宅。后来了解到，在20世纪上半叶的法国委任统治时期，这个大厅的确是按照19世纪大马士革流行的装饰样式进行了彻底的修缮。

巨大的南塔，修筑于15世纪上半叶，作为前端堡垒通过地道和城堡内部相连

大塔楼的第一道门——蛇门，其上面的四条蟒蛇雕塑可震慑来犯之敌

　　出了宝座大厅又拐了好几个弯，能看到几个铺着鲜艳彩色条石和带有木格尔奈斯装饰的建筑大门——这是典型的艾优卜王朝风格，黄色与黑色的色调富丽堂皇。再往前走，感觉豁然开朗，城堡内部的全貌终于展现在了我们面前：从城堡下面看起来还比较完好的堡墙和塔楼，在内部看起来实在有些残破不堪，城堡内部沟壑纵横，一派考古发掘现场的感觉。

　　城堡内部完整的建筑并不多。我和廉老师先参观了一个19世纪建立的兵营（تكنة，Thaknah），现在已经改为一个小型的城堡博物馆，里面陈列着一些武器和石碑。然后我们钻进了一个极深的水窖，容积非常大——其实在叙利亚参观过一些城堡之后，就能发现水窖是每个城堡的标配，其他与城堡配套的往往还有粮仓和武器库等建筑。

　　城堡上面有个比较完整的浴室，建于艾优卜王朝，穹顶上面的玻璃罩子保温且透光，是古浴室的典型特征，但说来也奇怪，那天看到的这些玻璃罩子竟让我联想到我国中医的拔火罐。再往前走就是著名的艾优卜宫殿，这处建筑的主体已经坍塌，内部尚能见到一处当年的水池，只有宫殿大门还保存完好，依旧美轮美奂。

从入口处的大塔楼进入城堡内部，能看到好几处装饰精美的大门，富丽堂皇，大约建于艾优卜王朝时期，这是其中的一处

除此以外，阿勒颇城堡内部还有一大一小两个清真寺。小清真寺叫易卜拉欣清真寺，里面有一处圣墓，埋葬着曾经的一位先知赫德尔·艾布·阿拔斯（الخضر أبو العباس，al-Khaḍr 'Abū al-'Abbas）。大清真寺紧邻城堡的北墙，那方正而高耸的宣礼塔，一望便知其前身是教堂的钟楼，当年楼顶挂钟的地方仍完好如初。这个宣礼塔是城堡内最高的建筑，从城堡外面看起来宛如一座灯塔。

城堡内的大清真寺

　　当时是冬天，来城堡的游客不是很多，基本都是当地人。我和廉老师沿城堡的外墙走了一周后天空逐渐放晴，阿勒颇古城的美景尽收眼底，着实令人陶醉。正值中午，我们饥肠辘辘，城堡上又没有餐厅，于是我俩就坐在堡墙的边缘，一边俯瞰着下面的景致，一边掏出随身携带的在大马士革买的大饼（خبز，Khubz）吃了起来。叙利亚白色的圆形大薄饼，含水分极少，类似于新疆的馕，因此可以存放一个月而不变质，很适于做干粮。

吃上几块大饼，再喝上几口矿泉水，就算是一顿午饭——也是我们在阿勒颇吃的第一餐。大饼就矿泉水充饥的味道和阿勒颇城堡壮丽的景色混合在一起，已经成为我经年难忘的回忆。

叙利亚内战期间，交战双方在阿勒颇厮杀得极为惨烈，城堡周边的大量古建筑彻底化为灰烬。幸运的是，作为这个城市象征的大城堡基本保存完好，仅入口处双塔之一的前塔受到了一定的损毁（目前已经基本修复）。阿勒颇战役结束之后，大城堡也在2017年率先向游客开放。

直至本书写作的今天，每逢节假日的时候，大量的当地游客和居民还是涌向阿勒颇城堡及其周边广场，毕竟城堡是老城中保存最好的建筑，虽然其周边依旧是成片的战争废墟。大人和孩子们的脸上逐渐露出了笑容，阿勒颇人民看到城堡依旧，这座5000年古城的血脉尚存，仿佛看到了阿勒颇重生的希望。

下方：艾优卜时期的浴室。右上：由拜占庭教堂改造而来的小清真寺

雨过天晴，从城堡上俯瞰阿勒颇古城的景观

阿勒颇的古城墙与城门

　　阿勒颇曾有总长约5公里的城墙，9个城门点缀其间，这些城墙和城门是阿勒颇重要的历史遗存，其主体大致形成于艾优卜王朝，最后一次大规模的修缮发生在麦木鲁克王朝。时至今日，原先城墙的一多半已经消失了，9个古城门5个尚存。前文提到过，我是一个对古城墙和城门极感兴趣的人，甚至可以说有些执念，到了阿勒颇，我自然不能放过这样一个近距离观赏和探索的机会。

肯奈斯林门附近城墙的一个塔楼，美观且极为厚重敦实，可以说在整个叙利亚都难以找到如此规模的古城墙塔楼。这个塔楼在内战中受到严重损毁

　　虽然旅行时间不像在大马士革的时候那样充裕，我和廉老师还是冒雨把现存的城墙和城门全走了一遍。手握着一份地图，经过按图索骥式的实地走访，我们发现阿勒颇有不少保存较好的城墙，很多段城墙上住满了居民，"私搭乱建"的住宅比比皆是，有的地方甚至在城墙上搭建了四五层

高的民宅。相对于大马士革的城墙，阿勒颇城墙显得更加厚重，也更加高大一些，尤其是每隔一段距离向外突出的塔楼（中文里也叫"马面"），有些敦实宽厚到让人惊叹的程度。阿勒颇现存的城墙带有典型的麦木鲁克时期的特征。据史书记载，在麦木鲁克王朝大多数的时间内，阿勒颇的重要性仅次于首都开罗，是王国境内的第二号城市。现存的阿勒颇城墙要比大马士革城墙更加宏伟，也能从侧面印证这一点。

位于老城东北铁门附近的城墙和塔楼，由于城墙厚重且规模大，阿勒颇城墙上有住着多户居民的多层建筑，这是阿勒颇的一处特有景观（内战之后此段城墙的现状不详）

城门是古城的点睛之笔，和大马士革一样，阿勒颇也曾有9个古城门，我和廉老师有幸亲眼看到了其中现存的全部5个城门。

安塔基亚门（باب أنطاكية，Bāb 'Antākiyah）是我们参观的第一个城门，基本上位于老城的正西，按照中东地区习惯的命名法则，因朝向西边的安塔基亚古城而得名。现存的安塔基亚门修建于公元13世纪的艾优卜王朝，在15世纪的麦木鲁克王朝进行过重修。目前此门已经陷入商店和住宅的包围之中，也显得很残破。安塔基亚门采取的是"侧开门"的建筑形式，即城门开口的朝向平行于城墙的一侧，而不是垂直于城墙，这种设计大概是出于安全上的考虑，即旁边城墙上的守军能协助拱卫城门。

肯奈斯林门（باب قنسرين，Bāb Qinnasrīn）位于老城西南，因朝向肯奈斯林而得名。肯奈斯林是一座历史悠久的古城，公元7世纪阿拉伯人征服这里之后，将肯奈斯林设为一座军镇。哈木丹王朝的统治者赛义夫·道莱在公元10世纪修筑了这个城门，肯奈斯林门在艾优卜王朝时期得到过重修，其两侧鲜艳的彩色条石就是那个时代的建筑特征。肯奈斯林门看起来非常厚重，其上半部分有近些年修缮的痕迹，这个门总体上保存得非常好，在我看来这是阿勒颇最美的城门。

这个城门也采取"侧开门"的建筑形式，整个建筑共有四扇门，上方有堡垒，堡垒的前后两端有内、外两门，分别朝向城内和城外，此外，堡垒内部的通道里面还有两扇门，其设计可谓颇费心思。

肯奈斯林门的外门——在我看来是阿勒颇最美的城门，此门带有典型的艾优卜装饰特色，并呈现"侧开门"的形式。在叙利亚内战中，该地段附近的城墙受损严重，但此门得以幸存

墓门（باب المقام, Bāb al-Maqām），大体上位于老城的正南，出此城门不远即是一片墓地，墓门因此而得名。以前这片墓地叫作"良人墓"（مقام الصالحين, Maqām al-Ṣāliḥīn），至今尚存，但已经改名叫作"赛斐拉墓地"（مقبرة السفيرة, Maqbarat al-Safīrah）。据记载，现存的墓门于公元12世纪末由艾优卜王朝在阿勒颇的统治者加齐修建，后来在15世纪时得到改建。

墓门其实是一个由当年的罗马三拱门改造而来的城门，因此从形状上来看，墓门和其他现存的城门迥然不同。在开口的方向上，墓门不是"侧开门"，而是正常的垂直于城墙。现存的墓门有一个拱门，能看得出来这是当年三拱门中间的大拱门，而且上方最初的拱券坍塌了，现存的拱券是后来翻修的。右侧的拱门被用石头完全封死了，左侧的拱门保存基本完好，但也被装上了铁门，禁止人员通行。我和廉老师看到墓门的时候，左侧小拱门门洞的位置被改造成了一个小商店。

据说当年三门齐开的时候，中间的大门过车马，两侧的小门过行人。墓门的形态很容易让人联想到大马士革的东门，也是由罗马三拱门改造而来的。12世纪的时候，大马士革的东门被改造，封闭了其中一大一小两个拱门，只留下另一个小拱门供居民进出。而今天的墓门在12世纪末成型，大概也是出于防卫需要接受了类似的改造，即加固城门并减少开门面积。

在阿勒颇战役中，墓门幸存下来了，但该城门外面不远处的赛斐拉墓地却没能逃过战火，遭到了很大程度的毁坏。

铁门（باب الحديد, Bāb al-Ḥadīd）：位于老城东北角的位置，由麦木鲁克王朝统治叙利亚的最后一位素丹甘扫·奥里（قانصوه الغوري, Qānṣauh al-Ghūrī）于公元1509年修建。有可能是修建时间较晚的缘故，铁门保存得比较好，也呈"侧开门"的形态，城门堡垒有三层高，上面的阿拉伯语铭文清晰可见。铁门也是双层门，中间有一条过道，隐蔽在堡垒之下。

由罗马三拱门改造而来的墓门，中门拱券重建后的高度降低，右门（照片左侧）被封死，左门（照片右侧）尚存但不通行

铁门及高达三层的城门堡垒

据说麦木鲁克素丹建立此门的时候，附近有很多铁匠铺子，因此而得名。没想到2005年我和廉老师从铁门进入老城，发现街道两旁竟还有很多正在营业的铁匠铺，看来这个区域一直都是铁匠聚集之地，至少500年以来没有变化。让人联想到老城内曾经遍布的各个古市场，千百年来一直在进行商业活动，这也是阿勒颇老城的一种魅力所在。

胜利门（باب النصر, Bāb al-Naṣr）位于老城正北的位置，由于城门内曾经是犹太人聚居区，因此历史上胜利门一度被叫作"犹太门"，后来艾优卜王朝的素丹加齐将旧门推倒重建，并命名为胜利门。

现存的5个城门中，胜利门是最难找的。我和廉老师按照地图走到胜利门的区域，却怎么也看不到这个城门，后来经当地人指点，才在一大片商铺中找到了胜利门的一部分。在阿勒颇战役中，胜利门周边的商业区几乎都毁于战火了，但这个城门却奇迹般地保存了下来。据说叙利亚考古工作者还对其进行了发掘和修缮。

曾经的胜利门难得一见，现在周边的商铺多毁于兵火，古城门反而露出了真容，让人有种说不出的滋味。

最后再说一下喜悦门（باب الفرج, Bāb al-Farj）。这个城门位于老城的西北，喜悦门已经不存在了，仅剩下一个地名还在使用，这点倒是和北京的很多城门一样。喜悦门建立于艾优卜王朝，1904年被拆除，原因大约是影响了城市的扩张和交通。

喜悦门虽然不存在了，但是作为一个地名还是颇有知名度的。随着奥斯曼时代阿勒颇城区向城墙外扩张，到19世纪末，喜悦门一带已经成为当时新阿勒颇的核心了。1899年在此地区建立起喜悦门钟楼（ساعة باب الفرج, Sā'at Bāb al-Farj），融合了西方和叙利亚传统建筑元素，成为阿勒颇的地标性建筑，至今尚存。

我和廉老师走访阿勒颇的城墙和城门的时候，冬雨淅淅沥沥下个不停，路上的行人也不多，寻觅的过程虽有些辛苦，但是这些古迹的雄伟和厚重，却让我印象深刻，难以忘怀。在后来持续4年多的阿勒颇战役中，一部分古城墙未能幸免而毁于战火，但5个城门全都保存下来了，已是不幸之中的万幸。

一度隐没在商铺中的胜利门，不能通行，我们寻觅了很长时间才找到

建于19世纪末的喜悦门钟楼，融合了叙利亚传统建筑风格，至今仍是阿勒颇的地标性建筑

肯奈斯林门附近的城墙，"私搭乱建"现象比较严重，后来，这段城墙几乎完全毁于战火

肯奈斯林门堡垒的侧面，建筑在一个斜坡上，还可见射箭孔

西缅城堡

在去西缅城堡（قلعة السمعان，Qal'at al-Sim'ān）之前，我对这个地方完全不了解，仅看到过旅游地图上的一张照片：白里发黄的石料，构成了一个有着三个巨大拱门的建筑。说实在的，那个地方怎么看也不像是一个城堡，这让我感到疑惑，不过既然它是叙利亚文化和旅游部评定的一级历史古迹，我和廉老师还是决定去实地看看。

这处古迹现存的标志性建筑——当年教堂入口处的三拱门。三拱门在内战中受到一定损毁

时至今日回想起来，当时去西缅城堡的选择绝对是正确的。西缅城堡是当地人口中的称呼，那里曾经是圣西缅石柱修士大教堂（Church of Saint Simeon Stylites）①，该教堂在当时的整个基督教世界极负盛名，而在当今的叙利亚，可以说是现存最负盛名的古代教堂。2011年叙内战开始

① 这个教堂在阿拉伯文中叫作"كنيسة مار سمعان العمودي，Kanīsat Mār Sim'ān al-'Amūdī"。

至今，西缅城堡也可以说是命运多舛，而且已难以去实地考察了。

回到2005年的冬天。我和廉老师当时在阿勒颇，虽然距离西缅城堡并不远，但是想要去那里并不容易。从旅游地图上得知，城堡在一个叫作达拉埃扎（دارة عزة, Dārat ‘Azzah）的小镇附近，经过询问，我们在阿勒颇市里找到了相应的车站，坐上了去这个小镇的面包公交车。达拉埃扎位于阿勒颇东北方向约30公里处，靠近叙利亚与土耳其的边境，我们一路上并没有看到太多的人烟。抵达达拉埃扎之后，发现这里到西缅城堡还有一段距离，几经周折，终于租到了一辆车，送我们二人去城堡。

我坐在车上向四周眺望，这个地区是一片丘陵地带，或许是经过了冬雨的滋润，地上长了不少青草。这一带的地貌非常有特色：大量灰白色的石灰岩裸露在地表，散布极广，十分醒目。车行了几公里之后，沿着一条山路开了上去，然后很快就到了西缅城堡。

从西缅城堡俯瞰周围的丘陵，这一带的地貌很有特色

西缅城堡坐落在一片山坡上，海拔约600米，并不算高，但在当地是一个相对的制高点。城堡外墙大多已经坍塌，但看得出来曾经非常坚固。城堡内部是一片巨大的建筑遗存，到处是颓垣断壁，看不出有什么军事设施，但是精美的拱门、半圆形的穹顶和高耸的墙壁给人留下了非常深刻的印象。所有的建筑物均由灰白色的大块岩石筑成，已经有些发黄，但能看得出当年雕刻得非常精巧。通过刻在建筑物上的十字，能判断出来这里曾是一座宏伟的基督教堂。

　　我们来到古迹的核心——也是保存最好的一片区域，首先映入眼帘的是那三个大拱门，这也是我们之前看过的唯一一张照片里的建筑，拱门后面还有带拱门的高墙，精美而恢宏，显然这是建筑物的大门。进去之后，我和廉老师看到一个近似于椭圆形的大石头，被安放在一个两层的石头基座之上，四周有五个拱形建筑将这块大石头拱卫在核心。每个建筑上都有一个高大且雕刻精美的拱券——看得出这是整个教堂的核心地带，而中间的这块大石头必定大有来历。

教堂的核心：居中的椭圆形石头和周边环绕的拱形建筑。2016年此地曾遭受空袭，那个椭圆形石头，也就是圣西缅修行石柱的遗存现状不详

西缅是罗马时期的一位基督教圣徒（公元376—459年），他当时最知名的圣行是在位于今天西缅城堡里的一根石柱顶上持续修行了39年，其间未曾下来。这根石柱高18米，直径仅有约1米。当时西缅在整个基督教世界非常有名，而且开创了在石柱上修行的一个宗派。西缅去世后被奉为圣徒。公元476年，拜占庭帝国的皇帝下令，围绕当年圣西缅修行的石柱修建大教堂。圣西缅大教堂历时14年才最终竣工。它的主体建筑呈十字形，十字的中心是一个巨大的穹顶，下有八边形的建筑支撑（至今尚存五个边），圣西缅石柱位于穹顶下方的中心。建成之后，大教堂凭借圣西缅的感召力，加之其宏伟的建筑和精美的雕塑，成为中东地区的一个基督教圣地，亦是基督教建筑的一颗明珠。

我个人有一件比较遗憾的事情，那就是至今未能有幸去参观伊斯兰教最美的建筑之一——耶路撒冷的岩石清真寺（金顶寺）。圣西缅教堂和岩石清真寺两者的构造在某种程度上惊人地相似：外面都是一个八边形的建筑，中间是一块圣石。不知道伍麦叶王朝的哈里发阿卜杜勒·麦利克于公元691年下令在耶路撒冷修建岩石清真寺的时候，是否从西缅大教堂的建筑式样中获得了灵感。

公元7世纪，伴随着穆斯林征服叙利亚，阿拉伯人开始控制圣西缅教堂周边地区。公元10世纪末，趁着阿拔斯帝国的衰落，拜占庭人重新夺回了对这一带的控制权。鉴于大教堂的宗教意义和所处的重要地理位置，拜占庭人在大教堂周边修建了高墙和塔楼（估计使用了教堂大量的石料），将其改造成一个坚固的城堡，作为对抗不远处的阿勒颇哈木丹穆斯林王国的前沿堡垒。因此"西缅城堡"这一称呼在阿拉伯语中流传开来，一直到今天。

至于圣西缅在上面修行39年的那个石柱，则一直是教堂里最神圣的物品。1500多年以来，随着教堂以及后来城堡的变更及荒废，加上朝觐者不断地从这个柱子上取走小块石料留作纪念，以至于当年18米高的柱子仅剩下一块椭圆形石头了。

初上西缅城堡的时候，里面空无一人。我们遇到了一只黄色的小花猫，或许是饿了的缘故，小猫看到我和廉老师后卖力地跑，跟了我们很长时间。后来过了许久，几位当地游客才出现在城堡上。西缅大教堂的很多建筑已经坍塌，遍地都是灰白色的石灰岩石块，但十字形的总体建筑形态依然清晰可见。我们在城堡上走了一周，后来坐在一段保存得比较好的堡墙上，望着下面高低起伏的灰白色苍茫原野，各自无言而陷入沉思。

不知怎的，我竟联想起《西游记》之车迟国一章中，虎力大仙等三个妖怪和唐僧师徒比试本领高低，其中一项便是"云梯显圣"坐禅，即用五十张桌子叠起来做禅台，竞赛者约定在上面几个时辰不动。而当年圣徒西缅在高高的柱子上修行了39年，实属不易。那个柱子虽然经历了1000多年的风风雨雨，竟还有一部分保留至今，难能可贵。此外，还有一件圣物——圣西缅大教堂当年洗礼用的水池，居然完好无损保留至今，其雕刻之精美令人赞叹。

当年教堂施洗用的水池，非常精美，叙利亚内战后的现状不详

从城堡上能看到下面有一个小村子，村子的边缘有好几处灰白色石头是古代建筑的遗存，但距离太远看不清楚，不过这倒是激起了我们的好奇心。准备离开城堡的时候，我们发现无车可坐，只能步行下山，也正好下去看个究竟。

　　走到下面的村子里，才发现有好多处石灰石建筑，大都残破不堪。根据外形判断，应该和山上的西缅大教堂是一个时代的产物，虽然无法与之媲美，但是这些建筑体量并不小，而且雕刻精美，其中一些应该是教堂、修道院之类的建筑。这些古迹已经和村庄融为一体了，有些散布在村子的边缘，还有一些就在村民农舍的旁边，周围是农田和橄榄树。要靠近看看这些建筑还颇为不易，需要在耕地和农舍的篱笆之间钻来爬去，我和廉老师设法靠近了几处，拍了些照片。由于时间已不早，我们随后就找车返回了阿勒颇。

西缅城堡山下的一个村落，照片中是一处荒废的教堂遗址，这个村里现在还有人居住、务农和放牧

后来看资料才知道，这些建筑实际上属于著名的"死城"（the Dead Cities）遗址。死城是位于叙利亚西北部的大约40个被废弃了的古代村落，主要分布在阿勒颇市以西至土耳其边界，以及伊德利卜省麦阿赖特·努耳曼市的西北郊区，大部分建筑的年代在公元1世纪到公元7世纪，就地取材，建筑材料都是灰白色的石灰石。死城一度很繁荣，商业和农业都很发达，但从公元7世纪阿拉伯帝国的建立开始，死城地理位置的重要性发生了巨变，由拜占庭帝国的内地变为阿拉伯和拜占庭两大帝国互相争夺的边疆地区。由于战争频繁，加之传统商路的消失，死城至公元10世纪时已经基本完全荒废了。

1000多年后的今天，叙利亚西北部还有死城的很多处遗存。死城记录了罗马帝国到拜占庭帝国时期社会生活的方方面面，有很高的历史研究价值。我和廉老师这次看到的圣西缅大教堂就是死城遗址中的建筑巅峰。

2011年，死城建筑群被联合国教科文组织评定为世界文化遗产，正式命名为"叙利亚北部古村落群"（Ancient Villages of Northern Syria）。不幸的是，此时距离叙利亚内战爆发仅有几个月的时间。

叙利亚内战爆发后，西缅城堡一带成为叙政府军、反对派武装和库尔德武装三个军事派别激烈争夺的地方。由于制高点的地理位置，加上部分古建筑可用作掩体，西缅城堡不幸被改造为一个军事据点，因此也不可避免地遭受了多次炮击和飞机轰炸，导致城堡上的多处古建筑墙体坍塌，标志性的三拱门也受到殃及，其中一个拱门上半部分的建筑受损严重。

2016年5月12日，一枚航空炸弹不偏不倚地落在圣西缅教堂十字形的核心——圣西缅修行石柱遗存的所在地，地面被炸出一个大坑，石柱的基座被炸裂，修行石柱遗存滚落到附近。除此以外，由于无人看守，对西缅城堡的文物盗采事件也不时发生。

以西缅城堡为代表的死城建筑群是叙利亚最新的一处世界文化遗产，但是命运堪忧。作为叙利亚最有历史、宗教和建筑价值的教堂，西缅城堡本应该被当作国家瑰宝妥善保护起来，可是依然被内战波及。"城头变幻大王旗"，时至今日也不知道是哪股势力控制着西缅城堡那个地区，我只希望这个古迹不要再受到进一步的破坏，也希望当年圣西缅苦修39年的石柱遗存能够完好并物归原处。

伊德利卜省

马赛克博物馆的回忆——麦阿赖特·努耳曼

麦阿赖特·努耳曼博物馆（马赛克博物馆）入口处陈列的马赛克画

　　麦阿赖特·努耳曼（معرة النعمان, Ma'arrat al-Nu'mān）是叙利亚西北部伊德利卜省（محافظة ادلب, Muḥāfaẓat 'Idlib）南部的一个古城，位于省会伊德利卜市以南约33公里处，哈马市以北约57公里处。这个城市在叙利亚内战之前只有大约6万人口，但在伊德利卜省也算是仅次于省会的第二大城市了。

对于我个人而言，在实地造访之前，曾经两次听说过这个城市。一次是在读马坚先生翻译的《阿拉伯通史》时，关于十字军战争的章节里有如下内容："图卢兹人雷蒙是法兰克人将领中最富有的。在安提俄克发现惊人的圣矛的就是他的部下。他不以安提俄克为满足，继续向南挺进。他的部队占领了大诗人艾卜勒·阿拉义的故乡麦阿赖特·努耳曼之后，屠杀'居民十万人，而且放火把全城烧成一片焦土'，然后于1099年1月13日离去。"①

另一次是当年听北大阿拉伯语系仲跻昆教授讲授"阿拉伯文学史"的时候，我知道了著名的阿拉伯大诗人艾卜勒·阿拉义·麦阿里 (أبو العلاء المعري، 'Abū al-'Alā'i al-Ma'arri, 公元973—1057年) 的家乡就在这里。至今还依稀记得这位艾卜勒·阿拉义是一位盲人，在阿拉伯文学史上有很高的地位，从他名字中的"麦阿里"就能看出来，这是麦阿赖特·努耳曼当地人。在今天伊德利卜人的口语中，通常把麦阿赖特·努耳曼简称为"麦阿赖特"，我们在下文也采用这个称谓。

伊德利卜博物馆，位于伊德利卜市

---

① 希提：《阿拉伯通史》（下册），马坚译，商务印书馆，1990，第764—765页。

2005年的6月初，我独自一人从大马士革乘坐大巴到了伊德利卜市，当时去伊德利卜的主要目的是想看一下古文明遗址伊卜拉（英文Ebla，阿拉伯文ابلا，'Iblā）和麦阿赖特的马赛克博物馆。伊德利卜市位于叙利亚西北靠近土耳其边境的地方，位于阿勒颇市西南约59公里处，2010年时的人口约有16.5万。

伊德利卜市内没什么知名的历史古迹，只有一个伊德利卜博物馆，长途车抵达市区之后我就径直前往那里——这个博物馆和麦阿赖特的马赛克博物馆齐名，是省内最重要的两所博物馆。伊德利卜博物馆面积不大，但里面陈列着不少本省的罗马、伊斯兰等时期的文物，更著名的是，那里存放着约17000件伊卜拉遗址出土的带有文字的泥板，有很高的考古价值。

叙利亚内战爆发后，伊德利卜省是政府军和各支反对派武装激烈争夺的地区，伊德利卜市的控制权也几易其手。从2015年至今，伊德利卜市一直被叙反对派武装控制，时至今日，这个城市及周边地区已经成为反对派武装在整个叙利亚最后的据点了。以前伊德利卜市还有不少基督徒居民，但据说到了2022年，仅剩下一位基督徒老人还生活在这个城市。伊德利卜博物馆从2011年开始被迫关闭，直至2018年才重新开放，其间估计也受到了战乱的影响，但具体损坏程度尚不得而知。

从伊德利卜博物馆出来之后，我包了辆面包车马不停蹄地前往古城麦阿赖特。过了大约半小时，面包车就进入了麦阿赖特市区，继而驶入以大诗人名字命名的艾卜勒·阿拉义·麦阿里大街，停在了马赛克博物馆门前。

麦阿赖特·努耳曼位于叙利亚西北部连接阿勒颇和哈马的交通要道上，附近的几个古村镇如巴拉（Bara）和塞尔吉拉（Serjilla），都是被收入联合国教科文组织世界文化遗产名录之死城的重要组成部分。在西亚地区古老的阿拉马语中，麦阿赖特是"洞穴"的意思，而努耳曼则很有可能来自这里的第一位穆斯林长官，同时也是先知穆罕默德圣门弟子团的重要人物努耳曼·本·巴希尔（النعمان بن بشير, al-Nuʿmān bun Bashīr, 公元622—684年），因此这个地名大概率是一个阿拉马语词加上一个阿拉伯文名字，意为"努耳曼的洞穴"。

公元10世纪，阿拉伯历史上著名的大诗人、哲学家艾卜勒·阿拉义·麦阿里诞生在麦阿赖特。他虽然是一位盲人，但依然云游了四方，去世后葬在故乡，他的墓地就在今天麦阿赖特市的文化中心。如今的麦阿赖特依然保存着传统伊斯兰古城的一些基本要素，比如市中心的大清真寺，有一座据称是伍麦叶王朝时期的宣礼塔，至今还屹立着；再如古城西北部的城堡，当年非常坚固，并一度阻挡了十字军的进攻。当年的十字军把麦阿赖特称作"Marre"，他们在公元1099年最终攻破这座城市后，在这里进行了大规模的烧杀劫掠。遗憾的是由于时间紧张，我当时在麦阿赖特只参观了马赛克博物馆，城堡、大诗人墓地和大清真寺都没能去参观，后来才知道这几个地方距离博物馆都不远，也是留下了遗憾。

麦阿赖特博物馆的正门，门前的道路就叫"艾卜勒·阿拉义·麦阿里"大街

麦阿赖特博物馆的原名叫汗-穆拉德帕夏（خان مراد باشا, Khān Murād Bāshā），始建于奥斯曼时期的公元1595年，其创建者穆拉德帕夏据说当时是奥斯曼帝国的国库主管。进入博物馆后，我马上感觉到这个建筑是个非常典型的"汗"（客栈）。整个建筑在总体上呈正方形，外侧是回字形的房间，当年应该是商旅的客房（也兼具仓库的功能），内部有一个庭院，

客房朝向庭院的方向还有完好的柱廊。庭院的正中间是南北向排列的两个小房子，其中南侧的房子有一个银色穹顶，还附带一个小喷泉，我猜测这是一个小清真寺。此外，客栈主体建筑的西侧还有一片独立出来的区域，是当年的公共浴室（可能旁边还有个餐厅）。这个客栈在当时可以说是功能齐备，能够满足旅客们住宿、仓储、商品交易、餐饮、沐浴和礼拜的一应需求，体现出奥斯曼帝国初期对商业的扶植。整个建筑高大浑厚而又严谨规整，给我留下了很好的印象。

　　1987年，在经过整修后，汗-穆拉德帕夏被正式改造为麦阿赖特·努耳曼博物馆并对外开放，这是叙利亚最有名的一个以马赛克为主题的博物馆。马赛克画的主要来源地是周边拜占庭时期的死城遗址，体现了当时那里的居民们的审美、情怀和乐趣。当然，除了马赛克画，这里还展出麦阿赖特地区出土的其他文物，包括陶器、古钱、玻璃和金属器皿等。

各种几何图案的马赛克装饰画

　　当年的回字形客房是博物馆的主要展览区域，其内部的墙面和地面上都陈列着大量的马赛克画，室内也有一些其他文物的展柜。此外，庭院里面还露天陈放着一些石棺和石雕等文物。这些马赛克画的题材很丰富，包括几何图案、人物、文字和动物等，其数量和精美程度是我在叙利亚其他地方所未曾见过的。这个博物馆的马赛克画多数是公元4—5世纪的作品，距今在1500年以上，但我认为其生动程度绝不亚于当代的艺术品。各种几何图案的马赛克画充满了想象力，完全可以为今天的装饰构图所借鉴。给我留下最深印象的是，这些马赛克作品里有大量的动物题材，尤其以狮子为重，此外还有熊、斑马和大象等。在我的印象中，狮子在拜占庭时期的麦阿赖特地区应该已经灭绝了，但是为何还有这么多以狮子为题材的艺术品就不得而知了。想起两河流域的巴比伦雄狮，这或许是延续了古代西亚地区对这种猛兽的喜爱吧。

在历史上，除了1099年的十字军屠城，或许麦阿赖特所遭受过的最严重的破坏就是最近10年的叙利亚内战了。由于地处连接大马士革和阿勒颇的交通要道上，麦阿赖特成为各派武装争夺的重点。2012年叙反对派占领了这座城市，之后的数年中，麦阿赖特的控制权曾在多支反对派武装之间数易其手，直到2020年政府军将其夺回。经年的战乱之后，麦阿赖特受到了很大破坏，大诗人艾卜勒·阿拉义的墓地和市区的大清真寺都遭遇过炮击，所幸墓地的主体建筑和大清真寺标志性的宣礼塔基本无恙。马赛克博物馆也遭到炮弹的袭击，部分柱廊被炸毁，庭院中心南侧的小房子完全毁于战火。

还有件事有必要提一下：2020年1月，在非作战人员基本完成撤离之后，叙政府军向麦阿赖特大举进发，意在完全攻占这里，彻底打通曾经的阿勒颇至大马士革的高速公路交通线。这也是叙反对派武装和政府军最近的一场重大争夺战。为了应对战乱对馆藏文物可能造成的破坏，麦阿赖特博物馆的工作人员使用了大量的沙袋和石板，将博物馆墙面和地面上的马赛克画严密地覆盖起来。在看到网上的那些满是沙袋的照片时，我的脑海中不由得充满了当年自己在这个博物馆留下的亮色回忆，简直感动得要流泪。战乱当前，大家的性命尚且难保，叙利亚依然有那么一群人，殚精竭虑地想着保护自己国家的文化遗产，这些遗产是叙利亚各民族的历史回忆，如果被抹去将很难复生，怎能不让人动容呢……

博物馆庭院中心南侧的小房子，可能是当年的清真寺，这个建筑大约在 2014—2015 年被炸毁

廊柱上悬挂的马赛克图案，我至今仍不知道那个有点像佛教"万字符"的图案是何来历

室内陈列的人物马赛克画

4000多年前的图书馆——伊卜拉古城

伊卜拉古城的王宫遗址，其结构较为复杂。被发掘后包裹用的土坯墙被刷成白色，可能是为了保护

　　伊卜拉是伊德利卜省著名的古城，它和代尔祖尔省的马里（Mari）王国并称为叙利亚年代最久远的古王国遗址，其历史都能追溯到5000年以前。

　　这座古城在当地话里通常被称作"马尔蒂赫土丘"（تل مرديخ，Tall Mardīkh），大概源自古城西北侧的一个叫作马尔蒂赫的村子。伊卜拉古城位于叙利亚西北部的一片平原上，距离阿勒颇市西南方向55公里，伊德利卜市东南方向25公里，周围都是肥沃的农田。

　　对伊卜拉的发掘是很晚的。1964年，意大利罗马大学的考古学家Paolo Matthiae带领团队开始在马尔蒂赫土丘进行发掘工作。1968年，一尊伊卜拉国王的雕塑被发掘出来，后来随着伊卜拉王宫遗址的出土，10000多件有着4000多年历史，并刻有楔形文字的泥板被发掘出来。其中一些用美索不达米亚的苏美尔语书写，还有很多泥板上刻着一种不为人们所知的陌生语言（伊卜拉语）。久远的伊卜拉王国逐渐从历史的尘埃中浮现出来，并且震惊了世界。

考古遗址和古代文献的发现使得伊卜拉文明成为所谓的"信史"。以前人们认为在距今4000多年前，今天的叙利亚地区无非是东方的美索不达米亚和南方的埃及文明之间的过渡，伊卜拉遗址的发现，让人们认识到叙利亚在当时也曾是和两河流域、埃及并列的强权势力与文明中心，提升了叙利亚在整个古代文明史上的地位。

伊卜拉这个词的意思可能是"白色的石头"，这座古城在修建时也的确是就地取材，大量使用了附近地区出产的白色石灰石。大约从公元前3500年开始，伊卜拉开始有人类定居。根据考古遗址所呈现出的状况，这座古城的历史大概可以分为三个阶段，或者说三个王国。

第一王国大致从公元前3000年到公元前2250年。根据文献记载，其间很重要的一个事件是伊卜拉与幼发拉底河边的马里王国进行的持续了近百年的战争，过程中双方互有胜负。大约在公元前2500年，伊卜拉王国极盛时期的疆域东到幼发拉底河流域靠近哈布尔河一带，西至叙利亚沿海山脉地区，南达大马士革附近，北抵安纳托利亚高原的南部，几乎达到今天叙利亚国土面积的一半，当时曾是和两河流域、埃及并列的世界强权。

大约在公元前2250年，伊卜拉遭到毁灭，第一王国结束。随后伊卜拉又得到了恢复，其重建被记载于美索不达米亚的乌尔第三王朝（Third Dynasty of Ur）的史料中。伊卜拉第二王国延续到公元前2000年前后，时间不算太长，两河流域的阿卡德帝国发动过对伊卜拉的战争，主要目的是夺取伊卜拉北部阿玛努斯山区①的森林。

伊卜拉第三王国从公元前2000年前后开始，延续了近400年，伊卜拉在其中的前200年还能基本保持独立，后200年则沦为阿摩利特人（Amorites）以阿勒颇为核心的亚木哈德（Yamhad）王朝的附属国。大约在公元前1600年，伊卜拉被来自北方的赫梯人（Hittites）彻底摧毁，之后就再也没有恢复，逐渐变成一个小村落并最终遭到废弃。

---

① Amanus Mountains，即今天土耳其哈塔伊省的努尔山（Nur Mountains）。

古城内部一处经过发掘的建筑遗址，建材既有石头也有泥砖，照片上方是中央高地

　　2005年，我是先从大马士革坐大巴到伊德利卜市，然后再转车去的伊卜拉，由于遗址距离大马士革—阿勒颇高速公路很近，现在想来如果能自驾车前往的话，会方便很多。这个古城的面积很大，外围大体上是一个长方形的土坡，也就是当年的城墙，周长约3公里，中心是一块很明显的高地，感觉有点像后来伊斯兰城市内部的城堡，这也将整个古城分为中央高地及其四周的低地。今天的伊卜拉遗址基本上是公元前1600年第三王国被赫梯人毁灭后，又经过了3000多年尘封后形成的状况，遗址的地表以上已经几乎看不到任何建筑了。皇宫位于高地的西部边缘，业已得到了发掘，其北侧是当年的伊施塔尔女神庙（Temple of Ishtar）。此外，还有十几处经过发掘的宫殿、墓地、神庙和军事要塞的遗址散落在城墙内的各处，但主要集中在低地靠近高地西侧的一线。

　　我到那里的时候，遗址上并没有文物管理部门的永久建筑，只有几处活动房屋、帐篷和卫生间用于古迹的经营管理。城墙内部的区域，除了已经发掘的部分和中央高地，其他土地都被当地村民用于耕作。有很多孩子在古城内部玩耍，估计来自周边的马尔蒂赫村，看到我这个东亚人的面孔，他们都很兴奋。有不少孩子跟着我走了很长时间，我也给他们拍了不少照片。

其实后来我一直很困惑，伊卜拉古城遗址的四周有完整的土墙，中心有一块类似于城堡的高地，从地表上看起来是个典型的古城，为何一直到1964年才在意大利人的主持下开始正式发掘。在这之前的考古学家和东方学家为何一直没有行动？或许其中的一个原因是，伊卜拉遗址既不靠河，也不靠海，貌似不太符合古代城市的选址标准，所以容易被人忽略，但可能正是由于它介于幼发拉底河和地中海之间的商路上，当年才发展起来。

城墙内已经发掘了的建筑遗址，通常只能看到泥砖或是白色石灰石的基础，相对保存较完整的是中央高地西侧的王宫遗址，规模宏大。这个王宫的主体由泥砖筑成，整个建筑结构比较复杂，至少有两层，至今很多地方的楼梯保存完好——一些用泥砖砌成，另一些用黑色或白色的石板铺成。后来文物保护人员对王宫遗址进行了整修，在出土的泥砖建筑外侧用土坯墙进行包裹，并刷上了白色涂料，但在我看来，这鲜明的颜色显然不是"修旧如旧"的风格，太过于刺眼。

伊卜拉古城的城墙基本上保存完好，从现有的遗存上看，当时的城墙是非常高大的，和我去过的国内土质古城墙相比，高度和宽度不亚于时间上与其接近的郑州商代城墙，而和北京元代的土城墙遗址比起来，伊卜拉的城墙要宽大得多。城墙上共有4个城门，大体上位于古城的4个角，其中西南是大马士革门，东南是沙漠门，西北是阿勒颇门，东北是幼发拉底门。我当时经过两侧都是农田的土路，走到了其中的大马士革门并近距离看了一会儿。这个城门经过发掘，当年的轮廓已经浮出水面，黑色的巨石和白色的石灰石分列大门的两侧，可以看得出当时的规模极为宏大。

伊卜拉古城的大马士革门，可见城墙和城门的体量之大

在1000多年的发展史中，伊卜拉王国的经济是以农牧业和商业并重的。伊卜拉周边地区的农耕条件不错，古城内部的大片区域直到今天也还是周边农民耕作的田地。由于介于两河流域和地中海之间，因而伊卜拉王国的商业也得到了优越地理位置的支撑，在这个古城发掘出土了很多来自苏尔美、埃及、塞浦路斯乃至阿富汗的手工艺品，说明当时伊卜拉和两河流域、埃及及地中海沿岸等地的贸易十分繁荣。

说起伊卜拉文明，其中最"惊艳"和值得一提的大概就是这里出土的泥板。在王宫遗址的附近，约有17000件刻有楔形文字的泥板被发掘出土，成为伊卜拉考古遗址最重要的发现，这些泥板目前存放在大马士革、阿勒颇和伊德利卜的博物馆里。

这些泥板的年代久远，大都在公元前2500年至公元前2250年，也就是伊卜拉第一王国的后期，距今有4000多年的历史。从语言文字的角度上讲，这些泥板上的文字都属于楔形文字。其中的一部分是用两河流域的苏美尔语书写的，其他的泥板则刻着一种对当时的考古界来说完全陌生的文字——后来被称作伊卜拉语。作为最早的闪米特语之一，伊卜拉语属于东闪米特语，后来伴随着伊卜拉王国的覆灭而绝迹。能拥有自己独立的语言，也印证了伊卜拉文明的独创性。

伊卜拉泥板记载的内容非常广泛，涉及4000多年前王国的政治、经济和文化，也反映了当地居民的日常生活。具体的题材既有伊卜拉和其他国家的外交书信、政府公文和学校的教科书，也有包括情诗在内的文学作品，甚至还出现了苏美尔语—伊卜拉语的双语字典。当时人们对这些文档的保存是十分讲究的：所有的泥板都得到精心的管理，在经过分类之后，被整齐地摆放在文档室的架子上。后来伊卜拉被灭国，其宫殿遭到毁灭时，那些泥板也被成批摔落到地面，未能幸免。4000多年后这些古代文档重见天日时，考古学者依然能够看出它们当年的整齐和有序。

我不禁回想起中国历史上的秦汉之交。据说刘邦手下的萧何在进入咸阳后，所做的第一件事就是将整个秦国的简帛档案全部卷走，可见档案和文书的管理对于一个国家治理的重要性。伊卜拉王国当年存放这些泥板的地方，被一些考古学家称为人类历史上最早的档案室和图书馆。而这4000多年前的档案室和图书馆，正是叙利亚伊卜拉的古代文明之光。

叙利亚内战爆发之前，伊卜拉遗址的考古发掘工作一直在进行之中。2013年，这个古城落入反对派之手，直到2020年1月叙政府军开展对伊德利卜省南部的大规模攻势，伊卜拉才重新回到叙利亚政府的控制之中。在这期间，这座有着5000多年历史的古城遭到了一定的破坏，首先是叙反对派将其用于军事用途，譬如古城的中央高地被用作观察哨所，以警戒来自政府军方面的空袭，反对派围绕中央高地挖掘了许多洞穴和地道，用于隐藏和掩护其人员及军事装备。大概是看中了古城内部有不少平地，四周又有化为土坡的古城墙遮挡，反对派还在古城内建设了很多用于军事训练的建筑及装置，将整个古城变成了一个小型的军事基地和训练场。此外，和叙利亚其他大量的古迹一样，伊卜拉古城也出现了不少盗洞，具体破坏程度目前尚不得而知。更让人无可奈何的是，内战期间由于无人保护，附近村民从中央高地的边缘大量挖土，其目的竟然是烧制陶瓷用品……

伊德利卜博物馆内，复原了当年伊卜拉图书馆存放泥板的状况

　　伊卜拉是叙利亚古代文明重要的标志性遗址，我有时会联想到，它的历史假如平移到中国，大致上是我国历史和考古学界梦寐以求的夏商周断代工程的时期。我衷心希望这个古王国遗址能够尽快得到妥善保护并获得科学合理的发掘，也让这个有着4000多年历史的图书馆增加新的篇章。

东部地区

拉卡省

哈伦·赖世德的首都——拉卡

拉卡（Raqqa）是叙利亚拉卡省的省会，位于幼发拉底河的北岸，号称幼发拉底珍珠。

我最初听说这个地方还是刚到大马士革时，和大学宿舍楼里的一位叙利亚老兄闲聊，他自我介绍说来自拉卡省的革命城，也就是幼发拉底河大坝所在地。于是我对拉卡有了印象，也算是去那里旅行的缘起。

拉卡始建于公元前3世纪的塞琉古王朝，公元7世纪被阿拉伯人征服后，逐渐改用了阿拉伯语的名字——拉卡（الرقة, al-Raqqah），意思是"平整的大石头"。

拉卡的黄金时代在阿拔斯王朝。公元772年，修建了巴格达的哈里发曼苏尔选择在今天拉卡城的边上修建夏都，取名"拉菲卡"（الرافقة, al-Rāfiqah），也就是"陪都"的意思。后来拉菲卡和拉卡逐渐融为一体，被人统称为拉卡。从公元796年到808年，阿拔斯著名的哈里发哈伦·赖世德将拉卡作为正式的首都，是这个城市历史上的高光时刻。公元1258年，蒙古铁骑屠城巴格达后不久，拉卡也被摧毁。

至于为什么阿拔斯哈里发要修建夏都，对于我这样在伊拉克生活过的人来说是很容易理解的——巴格达的夏天实在过于酷热。虽然拉卡有一些名气，但在叙利亚的时候，这个地方在我的印象里始终是一个偏远而又安静的小城市，直到2014年"伊斯兰国"迅速扩张，竟然宣布将拉卡作为"首都"，看到这个消息时我几乎惊掉了下巴，当然这是后话了。

当年我和廉老师是从贾巴尔城堡（Jabar Castle）^①附近搭公交车到达拉卡市郊的。还记得那一带比较醒目的建筑是交通环岛中央的一个钟楼，上面有一对阿拉伯农民夫妇的雕塑，其中农民大哥高举着一支火炬，从造型上判断应是当代建筑。我们在那里打了一辆出租车去老城，在路上司机询问为何来拉卡，我说来旅游，能感到司机有些诧异，似乎想说这时节居然还有外国人来旅游，但他终究也没有说出口。

老城很快就到了，我们在城墙附近下了车，开始徒步旅行。去之前只知道那里曾是哈伦·赖世德的都城，据说，著名的《一千零一夜》里的很多故事来源于这位哈里发统治时期。等到了实地走访，了解到拉卡老城现存的古迹主要是三样：城墙、宫殿和大清真寺。

拉卡城墙始建于阿拔斯王朝，内部是夯土，外面包砖，这一点和我国现存的许多城墙是十分相似的。拉卡城墙保存得比较完整，也很厚实，每隔一段距离就筑有一个突出在外的半圆形马面。当时一段城墙的外侧正在铺设地砖和草坪，显然正在建设一个城墙公园。老城有1个城门——巴格达门保存至今，同时也是拉卡的象征。这个门完全由砖头砌成，门洞不大，上面有8个拱形装饰，门洞旁边有一扇窗户，但已经被砖头封死了，不知道最初是不是这样的。顾名思义，这个城门朝向东南，大致对着伊拉克巴格达的方向。

从城墙的豁口进去走不远，就来到老城的第二站——少女宫（قصر البنات，Qaṣr al-Banāt）。这是老城里现存最大的一处宫殿。它始建于阿拔斯王朝，其得名不得而知，我猜测有可能是因为该宫殿当年是阿拔斯王朝哈里发女眷的专属宫殿，或许里面曾经还有阿拔斯王朝已经广泛存在的宫廷宦官。我和廉老师到达这里的时候，宫殿大门紧锁，门口椅子上坐着一位大叔，看到居然还有游客来，便慢吞吞地起来给我们打票和开门。

除了几个残破的石柱和几片石板地面，少女宫几乎完全用砖砌成，而且已经沦为废墟，有些地方明显是用现代的红砖修补过，并不是很协调。宫殿的核心能看到一个中央庭院，按照阿拔斯人的习惯，大概率有一个水池。据说少女宫当年有完整的冬季热水取暖系统，可惜我们并没有看到陶制水管——就像在阿法米亚古城所见的那样。

---

① 其阿拉伯文是"قلعة جعبر，Qal'at Ja'bar"。

少女宫中的一根石柱，可能是那里保存至今为数不多的阿拔斯时期的文物

拉卡的城墙，可见远处的几个半圆形马面

巴格达门——拉卡老城现存的唯一的城门

少女宫的中央庭院

出了少女宫，看到远处高耸的宣礼塔，便知道本次拉卡之旅最后一站——大清真寺的方位了。据称，拉卡大清真寺始建于阿拔斯哈里发曼苏尔时期，既然曼苏尔选择了在这里建立"陪都"，那么大清真寺就是必备项——正如神庙（或教堂）和剧场之于罗马古城。当时的大清真寺无人值守，我和廉老师进去的时候，有几个孩子正在里面踢足球，他们兴奋地与我们合影。还记得其中一个瘦高个的孩子踢得很好，我端详了一会儿对他说："你长得很像球星齐达内。"旁边的一个孩子抢着回答："的确是这样，他就是阿尔及利亚裔的。"

　　拉卡大清真寺也由红砖砌成，已经很残破了，现存的主要有三个部分：一是清真寺外墙，和拉卡城墙的样式是完全一样的，只不过小了几号。二是一段带拱门的墙，当地人俗称"十一拱"，这种结构的建筑，或是清真寺大殿（礼拜堂）的一面墙，或是带有罗马遗风的柱廊的一部分（参看伍麦叶清真大寺），我个人觉得大概率是前者。三是顶端残破的宣礼塔，其样式和贾巴尔城堡上的那个宣礼塔一般无二。

拉卡大清真寺的"十一拱"和宣礼塔

拉卡的建筑风格和之前我在叙利亚西部地区看到的截然不同。这里的古建筑基本用砖土，而西部地区基本用石料，其实就连当地人的相貌都和西边的叙利亚人有所不同，这里居民的肤色更黝黑一点。后来我才逐渐意识到，拉卡已经属于两河流域了，在古代受波斯的影响更多，而叙利亚西部地区属于地中海东岸，曾经属于罗马文明。

　　作为"伊斯兰国"所谓的"首都"，拉卡曾经遭受过国际联盟持续密集的轰炸，后来库尔德人的叙利亚民主军攻入拉卡，其城区几乎全部毁于战火。但幸运的是，本章提到的城墙尚有一多半保存了下来，巴格达门和大清真寺的"十一拱"以及宣礼塔幸存下来了，依然矗立。我曾经看过一段几年前的视频，一位大叔站在巴格达门前说："这个门以前是游客必来的地方，但'伊斯兰国'武装分子们做了什么？他们居然伏在上面居高临下地狙击我们……"无论如何，至少从文物古迹的角度讲，拉卡的这些历史血脉幸存下来了，感谢上苍！

当地的出租车司机（背景中的清真寺已经近似于伊拉克的清真寺风格了）

幼发拉底大坝和贾巴尔城堡

幼发拉底大坝是叙利亚人民的骄傲，这一点从1998年版面值500叙镑的纸币上就能看出来。回想初到叙利亚的时候，百无聊赖，我把钱包里的一叠当地货币反复看了好多遍，没想到第二年离开这个国家之前，画在纸币里的景物几乎全都亲眼见到了。

1965年，叙利亚政府和苏联政府签订了建设幼发拉底大坝的协议，工程于1968年动工，1973年3月8日最后一台机组开始发电，项目才彻底完工。大坝建成以后，一直在防洪、灌溉、发电等领域发挥着重大作用，据称将附近广袤的荒漠变成了瓜果飘香的大片沃野。1974年前后由于库区蓄水，形成了宽阔的人工湖——阿萨德湖，湖面最长处约80公里，最宽处约8公里。为了服务大坝的建设人员，附近还新建起一个叫作革命城（مدينة الثورة，Madīnat al-Thawrah）的城市，其得名来自叙利亚复兴党夺取国家政权的三·八革命（1963年3月8日）。据说当时还有大量的苏联技术人员为建设大坝而长期居住在革命城。

当年我和廉老师从阿勒颇坐车一路向东，在一个阴冷而多雨的冬日上午抵达了大坝。到了以后才发现，由于是重要的国民经济设施，幼发拉底大坝并不开放旅游，我们遂向大坝的管理人员提出参观的请求，没过多久就有一位西装革履的老先生出来，自我介绍是大坝公共关系处的负责人。

看到我们是两个年轻的外国留学生，老先生犹豫了一下，不过依然以高度的职业化和外事素养，颇有礼貌地接待了我们。他先带我们去了展厅，介绍了大坝的历史，又领着我们在大坝上走了一整圈，还给了我们相关的介绍材料。我非常感谢这位老先生。

展厅里的序言有国家领导的关怀致辞，还有歌颂叙利亚–苏联友谊的内容，此外还能看到一个大坝发电机组的模型。那天其实是我第一次见到幼发拉底河，又上了大坝，所以十分兴奋，但不太凑巧的是，当时浓雾弥漫，能见度颇低，只能朦胧地看到近处深蓝色的河水，真是只在此山中，云深不知处。

　　告别了幼发拉底大坝的浓雾，我们租车前往不远处的贾巴尔城堡。

　　贾巴尔城堡是叙利亚东部地区的著名古堡，建筑在一片巨大的椭圆形石灰石高地上，城堡面积约为320米×170米。公元1086年，塞尔柱克王朝的突厥国王麦立克沙·艾尔斯兰（ملكشاه أرسلان, Malikshāh 'Arslān）从当地乡绅贾巴尔·古沙里（جعبر القشيري, Ja'bar al-Qushayrī）手中攻占了此地，并开始修筑城堡，但城堡依然将贾巴尔的名字保留至今。

　　这个城堡原本矗立在幼发拉底河的岸边，扼守从两河流域到阿勒颇的必经之路。但是随着幼发拉底大坝的修筑和阿萨德湖的出现，城堡的外围逐渐被湖水淹没，四面环水的岛屿竟成了贾巴尔城堡的标志。

岛屿上的贾巴尔城堡，下方是一条连接城堡的公路

　　虽说是个岛屿，但城堡距离阿萨德湖的岸边并不远，且有一条公路相连，汽车能直接开到入口。我们进入大门后，经过一段类似山洞的路登上了城堡，发现这是个完全用砖石砌成的建筑，带有明显的叙利亚东部地区

的特色。城堡的面积很大，有内外两层堡墙，堡上非常残破，沟壑纵横，到处是散落的砖石和发掘的痕迹。目前依然矗立的只有一些已经残破的半圆形或多边形塔楼和一个宣礼塔。据记载，贾巴尔城堡共有35个形状各异的塔楼，可以想象当年这个城堡还是非常雄伟和精美的。

现存的堡墙和塔楼

没有想到的是，城堡上居然还有一条小型的铁轨，不知是不是当年考古发掘时用于搬运各种材料的。清真寺已经没有了，宣礼塔依然保存完整，可是基座以上的部分严重倾斜，有点比萨斜塔的意味。除了我和廉老师，贾巴尔城堡上当时别无他人。天上阴云密布，感觉骤雨将至，城堡虽然如此残破，但是周围的湖光山色很动人心魄。想起来曾经河边的坚固据点，今天变作一个岛屿上的城堡，颇有些沧海桑田的感觉。由于没有其他游客，那种近似"登幽州台歌"的体验，当年在叙利亚我曾经感受过很多次，之后的十多年几乎再也没有经历过。

城堡上唯一保存完整的建筑——宣礼塔，不过已经明显倾斜，图下方可见一条铁轨

从城堡下来，我们意犹未尽，又在湖边走了一段，近看湖水非常清澈，还能看到岸边有很多被湖水长期浸泡后变黄的石头。再往前走就看到一条游船，船上的一位当地大叔招呼我们上船游湖，被我们婉言谢绝了。大叔表示不租船可以，但必须邀请我们喝一杯红茶，我和廉老师盛情难却，于是就登船和大叔一边饮茶一边闲聊。

　　现在只记得这位船老板说，当年修建大坝的时候，有好多苏联人生活在这里，不少人还和当地的姑娘结了婚……其间我突然发现，大叔是直接从湖里打水来煮茶，这红茶的滋味倒也不错。

　　游览了阿萨德湖边上的城堡，又饮了阿萨德湖水煮的红茶，实在是很圆满了，贾巴尔城堡的湖光山色让人经久难忘。

阿萨德湖上的游船，
招牌上写着：游船出租 哈
桑·阿布德——"渡翁"

327

图中穿西装的老者——接待我和廉老师参观大坝的公共关系处负责人

城堡的一个残破的角楼及
阿萨德湖

梦回鲁萨法

我当年之所以想起来去鲁萨法，是因为看了希提先生编著，马坚先生翻译的《阿拉伯通史》，书中曾提道："……以及那些壮丽辉煌的教堂，如加萨尼王朝的王子孟迪尔·伊本·哈里斯在鲁萨法的圣塞基阿斯墓地上修建的教堂"，以及"自苏莱曼起，帝国的首都不再是哈里发住家的地方。希沙木住在鲁萨法，是腊卡附近的一个罗马人居住区"。[①]

鲁萨法古城壮丽的北门

鲁萨法位于拉卡（也就是上文提到的"腊卡"）西南几十公里的地方，被誉为"叙利亚旷野上的珍珠"（لؤلؤ بادية الشام, Lu'lu' Bādiyat al-Shām）。这个地方并不大，曾是罗马帝国的一个边城，自然环境也比较艰苦。据说周边没有一条河流，但作为曾经的基督教圣地和哈里发希沙木的常居之所，鲁萨法在历史上还是蛮有名气的。

① 希提：《阿拉伯通史》（上册），马坚译，商务印书馆，1990，第299、255页。

当时我刚完成了底格里斯河的独自旅行，回程先买了哈塞克到阿勒颇的车票，和司机说好，过了拉卡之后没多远就在一条岔路口下车，去之前我仔细看过地图，知道那条岔路往南就是鲁萨法。

那地方很荒凉，五月的天气已经十分炎热了，我等了好一会儿也没有一辆车经过，实在苦不堪言。后来总算拦到了一辆小皮卡，驾驶员竟是一个十四五岁的男孩子。司机小哥问明来意，讲好车费之后，同意带我去鲁萨法。

还记得路上和那个男孩随便聊了几句，他说自己就住在鲁萨法附近的一个村子里，还邀请我游览之后去他家里坐坐，我婉言谢绝了，说要赶时间回大马士革。小哥还有点悻悻地问了一句："是真的着急回去，还是借口？"我只好说真的着急，归心似箭，男孩也就没有再坚持。我们很快就到了古城入口，司机在外面等待，准备游览结束之后再把我送到主路边。

鲁萨法给人的第一印象，正中黑色的铁门衬托出城墙的高大

鲁萨法始建于公元前9世纪，当时亚述士兵在这里建立了一个军营，据说鲁萨法这个名字来自阿卡德语。在罗马帝国时期，这里是和波斯对峙的一个边境要塞。公元4世纪，这里出了一位基督教圣徒塞基阿斯（Saint

Sergius），他为了信仰献出了生命，之后就被葬在这里。后来鲁萨法因此改名为Sergiopolis，也就是圣塞基阿斯之城的意思，这里由此也成为一个基督教圣地，很多人前来朝圣。

从4世纪到7世纪阿拉伯人征服之前，是鲁萨法发展史上的一个黄金时期，伴随着基督教圣徒的光环，鲁萨法建成了城墙、圣墓和教堂，城市内部还有一条直街。公元6世纪，信仰基督教的阿拉伯加萨尼王国统治了这里，王子孟迪尔·伊本·哈里斯修筑了雄伟的教堂、华丽的宫殿和巨大的地下水窖。今天能看到的鲁萨法，主要是罗马和加萨尼时代留下的遗址。

到了以后发现，整个遗址无人值守，我看到了一个新装的黑色铁门，靠近一个巨大的圆形城墙角楼废墟，铁门是关闭的，但可以从旁边的缓坡翻越进去。站在鲁萨法的城墙上，可以看得出这个古城大致呈矩形，根据现有资料，其长度将近500米，宽300米左右，城墙的内侧是罗马式的柱廊，外墙有射箭孔，每隔一段距离都有突出在外的马墙（塔楼）。整个城墙已经非常残破，千疮百孔，所以即使有人值守和售票，也很难防止游人从各处逾墙而入。

很快，我就发现了城墙唯一保存相对完好的地方——鲁萨法北门。这个门是典型的罗马三拱门样式，矩形的门洞两侧矗立着带柯林斯式柱头的石柱，石柱支撑着上面雕刻精美的石拱。和罗马盛世时期的城门不同，北门的外侧还修筑了一道城门，外城门的两侧和北门连成一体，基本构造和我国常见的瓮城一样。两侧的连接处各有一个小的偏门，所以这个体系一共有六个门，且每个门的上方都有射箭孔。外城门已经彻底坍塌，我猜或许是当年打仗时被中东地区一度广泛使用的抛石机（المنجنيق, al-Manjanīq）击毁了。

出北门没多远，就能看到一处巨大的建筑遗址，残存的部分大致呈正方形，这就是当年加萨尼王子孟迪尔修筑的待客厅（دار الضيافة, Dār al-Ḍiyāfah），也就是招待所或宾馆的意思。至于为什么要把这么大的待客厅修筑在城墙外，或许是因为鲁萨法地处罗马和波斯帝国争锋的边界地带，并不太平，所以三教九流的客人还是住在城外更为稳妥。此外，还能在城外看到一些和城墙平行的拱桥遗址，不知道是不是当年的引水渠。

鲁萨法北门：明显的瓮城样式，其中的外门已经彻底坍塌

北门外面宏伟的待客厅

穆斯林统治开始以后，对鲁萨法（也包括其他地方）的基督教徒有着开明的宗教政策，基督徒得以在这里安居乐业，只不过城市的名字逐渐从圣塞基阿斯改成了鲁萨法。伍麦叶王朝的第十任哈里发希沙木·本·阿卜杜·麦立克在位的时候（公元724—743年），帝国统治的疆域达到最大，希沙木大部分时间住在鲁萨法和旷野中新建的东宫，他在鲁萨法城里新修了好几座宫殿，而且根据穆斯林的习惯，必然要有清真寺。可以回想一下当年的情景：一个穆斯林哈里发，住在一个满是教堂和基督徒的小城市里，每天的钟声和宣礼声此起彼伏，但他必然是真心喜欢这里，才会常年居住于此。鲁萨法一直是一个以基督徒为多数居民的地方，一直到13世纪被蒙古人摧毁，从此彻底沦为废墟。

我进入北门，一眼就能看出当年的直街。鲁萨法的主体是用白色石料构筑而成的，但是石料不算坚固，很多地方已经风化并破损严重。古城内部非常残破，地上散落着很多白色和红色的石柱，其石料显然不是出自同一个产地。经过了七八百年的荒废和风沙侵蚀，鲁萨法内部被覆盖了一层厚厚的灰土。我在城内看到了当年修建的地下水窖，内部结构还保存完好。

鲁萨法城内原有的建筑基本上坍塌或是被掩埋在灰土里了，至今还能屹立不倒的显然是当年的教堂和宫殿一类的建筑。部分矗立着的墙体一看就是当年的教堂遗址，有些石头建筑的内部还有用红砖修筑的部分，不知道这些建筑是不是当年哈里发希沙木的宫殿。

最后，也是毫无悬念的，我来到城内最辉煌的建筑遗址，没有任何介绍，但从规模上我能断定是当年的鲁萨法大教堂，也就是孟迪尔在圣塞基阿斯墓地上修建的建筑。在来这里之前，我只从出版物上看到过鲁萨法的一张照片，就是大教堂礼拜殿墙上那美丽的红色石拱，现在终于目睹了，柱头上刻着古希腊文和十字架。1500年过去了，这些美轮美奂的石柱和拱券依然坚韧地矗立在已经完全沦为废墟的鲁萨法。

关于这座古城，还有一件值得一提的事情。公元750年，伍麦叶王朝覆灭在即，一位只有19岁的伍麦叶王子，也是哈里发希沙木的孙子——阿卜杜·拉合曼，在鲁萨法附近依靠一群贝都因人（游牧的阿拉伯人）的庇护才躲过了阿拔斯人的追杀。他先是逃到大马士革，然后进入埃及，横贯了整个北非，最后带领一队人马进入伍麦叶的安达卢西亚行省（位于今天的西班牙、葡萄牙），并最终在那里建立了后伍麦叶王朝。阿卜杜·拉合曼定都在今天西班牙的科尔多瓦，在那里他也许会回想起自己跌宕起伏的一生，想起朝代更迭的苦痛和数千里逃亡的艰辛，或许也会想起年少时期曾经熟悉的，也是自己爷爷所喜爱的鲁萨法，那里有很多基督徒，还有精美的大教堂。阿卜杜·拉合曼后来在科尔多瓦城郊一个山谷旁的高地上修建了一处夏宫，并且把这个地方取名为鲁萨法。

鲁萨法大教堂内部保存至今的拱券

城内的直街和北门上的装饰

鲁萨法大教堂内刻有古希腊文的柱头

鲁萨法大教堂的内部结构

代尔祖尔省

幼发拉底明珠——代尔祖尔

第一次听说代尔祖尔这个地方，还是我在巴尔米拉旅行的时候。

当时我和廉老师正沉浸在巴尔米拉辉煌的罗马古城之中，我们邂逅了一对前来游玩的父女，父亲沉默寡言，小女孩六七岁，很可爱也很健谈，她说自己叫夏姆斯（阿拉伯语中"太阳"的意思），住在代尔祖尔[①]，于是我对这个城市有了印象。没想到大概半年之后，我们竟也来到了夏姆斯的家乡旅行。

代尔祖尔（Deir Ez-Zor，阿文中的دير الزور, Dayr al-Zūr）[②]位于大马士革东北方向约450公里的幼发拉底河畔，其字面的意思是"祖尔修道院"。据说基督教初期这里曾有修道院，是当时两河流域的早期基督教徒为了躲避迫害而来到此地建立的，"祖尔"有河边灌木丛的意思，当年的"祖尔修道院"何去何从，早已不为人知。

在漫长的历史中，代尔祖尔一直是幼发拉底河边一个默默无闻的村落，直到奥斯曼帝国的后期，这个地方才得到土耳其人的重视，并逐渐成为沟通阿勒颇和巴格达的商业中枢。1865年，代尔祖尔被宣布为奥斯曼帝国境内一个独立行省的省会，城市的名字也最终确定下来，随后这里兴建起兵营、医院和市场等设施。

[①] 她所讲的方言中，把代尔祖尔叫作"Dīzur"。

[②] 叙利亚东部有代尔祖尔省，其省城是代尔祖尔市，本章中的"代尔祖尔"特指代尔祖尔市。

代尔祖尔曾经的象征：幼发拉底河上的法国吊桥，2013 年毁于战火

代尔祖尔周边地区的经济主要依靠幼发拉底河沿岸的农业，而近些年城市的发展则在很大程度上受益于叙利亚东北部的石油工业。代尔祖尔曾是叙利亚东部地区最大的城市，被誉为"幼发拉底明珠"，2011年市区人口约有50万，在叙利亚各大城市中排名第7，其中阿拉伯人居多，也有为数不少的库尔德人和亚美尼亚人。后来代尔祖尔在叙利亚内战中遭到严重破坏，大概现在的人口已经被同在叙东部地区的哈塞克超过了。

2005年4月，我们一行三人从大马士革出发，坐了六七个小时的大巴，终于抵达了代尔祖尔。我们先找了个旅馆住下，然后就在市区逛。代尔祖尔是位于幼发拉底河右岸的一座安静的小城，整个城市的建筑大多是土黄色的，与叙利亚西部沿海地区的建筑风格大相径庭，颇有些伊拉克的感觉——毕竟这里已经是两河流域了，当地居民的肤色也更加黝黑一些。

信步在代尔祖尔市区的街道，我感觉城市不大但商业很繁荣，后来到了一个广场，能看到中间的喷泉水池和老阿萨德总统戎装策马的雕塑，后面土黄色的楼房颇具当地特色，想必这里就是中心广场了。

我们继续前行，一座醒目的土黄色的大教堂映入眼帘，我仔细看了一下，大门上方用亚美尼亚文、英文和阿拉伯文三种文字写着"亚美尼亚烈士教堂"（Holy Martyrs Armenian Church），我很想进去看看，可惜大门紧闭，最终未能如愿。

后来才知道，代尔祖尔这个叙利亚东部的边陲小城，在亚美尼亚人的近代历史上竟还占有很重要的地位。1915年，亚美尼亚人开始在奥斯曼帝国境内遭到"大屠杀"[①]，后来有很多亚美尼亚人被"流放"至代尔祖尔，善良的代尔祖尔人民接纳并收容了这些难民，大量亚美尼亚人得以在此地生活繁衍下来。这个教堂始建于1990年，据说每年4月24日的时候，不少亚美尼亚人从世界各地来到代尔祖尔这块福地，在这个教堂进行"大屠杀"的纪念活动。

---

① 注：土耳其人和亚美尼亚人对此大屠杀有不同的看法。

市中心的广场，可见老阿萨德总统的雕塑位于喷泉的中央

令人遗憾的是，"大屠杀"过去大约100年之后，"伊斯兰国"武装分子于2014年9月捣毁了这座亚美尼亚教堂。

我们走累了就回旅馆休息会儿，住的地方虽然谈不上高档，但是在河边一处很安静的地方，位置还不错，对面是幼发拉底河中间一个很大的河洲。旅馆旁边有座当地风格的清真寺，宣礼塔在午后的斜阳映照下十分漂亮。

正在旅馆二楼大厅里闲坐的时候，我突然听到一阵嘈杂而响亮的脚步声，一群穿着足球服的青年蜂拥冲上了楼，我一开始愣住了，不知道要发生什么。直到他们围坐在大厅的电视机前，聚精会神地看起当地一支足球队的比赛时，我才恍然大悟，这也是我在代尔祖尔的一个难忘的回忆瞬间。

代尔祖尔亚美尼亚烈士教堂正门，此教堂于2014年被毁

从我们住的旅馆眺望，对岸是一个河洲，旁边的宣礼塔具有典型的代尔祖尔风格

　　稍事休息，我和廉老师步行去游览代尔祖尔的一处标志性建筑——幼发拉底河吊桥。这个吊桥始建于法国委任统治时期的1925年，由一家法国公司承建，足足用了6年时间才竣工。这个吊桥沟通了幼发拉底河两岸，曾是代尔祖尔的交通要枢，后来变成当地一处著名的休闲游览场所。

　　从旅馆到吊桥的距离并不远，我们抵达时正好夕阳西下，光线柔和，温度适宜。吊桥仅容行人通过，入口处立着一块牌子，上书巴西勒·阿萨德骑士烈士桥。[①]我们登上吊桥游览，能看得出这个桥是非常典型的悬索桥，索塔在夕阳的映照下熠熠生辉。当时桥上有很多当地居民休闲游览，可能此地鲜有外国人出现，我们的面孔一定程度上引起了轰动，并遭到反

---

① 阿文是 "جسر الفارس الشهيد باسل الأسد, Jisr al-Fāris al-Shahīd Bāsil al-'Asad"，巴西勒·阿萨德是现任叙利亚总统巴沙尔·阿萨德的亲哥哥。

复围观，以至于平时彬彬有礼的廉老师也颇有些不满并发起火来，周围人群才散去。

站在桥上向东看，远处的公路桥清晰可见，幼发拉底的河水在桥下安静地流淌，河洲长满了芦苇，在斜阳的照衬下呈现出一片淡金色，让人沉醉其中，回味良久。

2013年5月，这座有着80多年历史的法国吊桥被炸毁，有人说是叙政府军出于军事目的所为，也有其他的说法。不管怎样，代尔祖尔的这座历史风貌建筑就这么毁于战火了，着实让人痛心。

第二天，我们去了代尔祖尔此行的最后一站——市博物馆。代尔祖尔城市不大，但博物馆还是很有特色的，其土黄色的建筑和整个城市非常和谐，也十分美观。这个博物馆落成于1996年，有大约2.5万件展品，陈列着包括在代尔祖尔省著名的考古遗址马里和杜拉欧罗普斯等地出土的大量文物。

在这里我们看到了不少两河流域的文物，明显有别于叙利亚西部沿海地区博物馆里的藏品。值得一提的是，我第一次看到了长着翅膀、人首兽身的拉玛苏（Lamassu），这是亚述文明的典型雕塑，通常矗立在建筑大门的左右两侧。这类拉玛苏，后来我在大英博物馆里见到过，尔后在伊拉克也见到过很多次。

内战之后，代尔祖尔博物馆的建筑主体保存了下来，但由于经历过"伊斯兰国"的统治，参照伊拉克摩苏尔博物馆的遭遇，代尔祖尔博物馆里那些文物的命运令人深为忧虑。

叙利亚内战中，代尔祖尔是各方激烈争夺之地，其控制权几度易手。2011年，代尔祖尔一度被叙反对派武装占领，但政府军随后迅速控制了全市，2012年，以"叙利亚自由军"为主的反对派武装又夺回了控制权。2014年开始，"伊斯兰国"武装分子逐渐渗透并控制了代尔祖尔，随后宣布将其并入"伊斯兰国"。

代尔祖尔博物馆里的拉玛苏

这期间，叙政府军一直死守着市区东南的空军基地，仅依靠空中通道补给，其间经历过多次惨烈战斗。2017年年底，政府军终于收复了代尔祖尔全市，而库尔德人的叙利亚民主军则逐步占据了河东岸的全部区域，至今仍和政府军"划河而治"。

离开叙利亚几年之后，我曾经长期生活在苏丹首都喀土穆，那里传统建筑的色彩是土黄色，这让我不禁回想起代尔祖尔——那个幼发拉底河边曾经安静的小城，经历过才知道，土黄色其实就是荒漠绿洲城市最和谐的建筑色彩。可惜在2011年之后的长期内战中，代尔祖尔市区的大部分建筑沦为了废墟。

我偶尔也会想起在巴尔米拉邂逅的那个小女孩夏姆斯，算起来她如今也有二十多岁了，不知道现在何方。难以想象，在夏姆斯青春年少本该无限美好的时光中，战乱的岁月会给她留下何种印迹，唯有祝她安好。

代尔祖尔博物馆藏的鹰首人身石雕，现状不明

哈莱比耶要塞

最初规划行程的时候，我在叙利亚文化部的旅游地图上看到过一张哈莱比耶（حلبية，Ḥalabīyah）的照片，感觉不过是个十分残破的城堡，但既然是代尔祖尔省重要的历史古迹，我还是把它列入了旅行计划。现在回想起来，这个决策是正确的。

在代尔祖尔市区，我和另外两位同伴一起谈妥了一辆出租车，司机听说我们要去哈莱比耶还挺高兴，毕竟距离远，算是个"大活儿"，感觉有点像在北京从市区打车去八达岭长城。一路上，司机大叔独自念叨着"哈莱比耶、宰莱比耶（زلبية，Zalabīyah）"，而且重复了好多遍，感觉还挺押韵的。后来我才知道这两个地方距离很近，互相拱卫，在历史上是所谓的"双胞胎要塞"。

哈莱比耶位于代尔祖尔市区西北方向约58公里处。我们的车开了一个多小时，司机说了声"到了"，我这才发现出租车直接开进了古迹的内部。这里不是单独的一个城堡，而是一座残破但轮廓清晰的高大古城。司机把车停在路边，示意我们抓紧时间游玩，然后再乘他的车返回市区。

第一眼看到哈莱比耶，一条沿河公路切入古城内部，古迹无人售票，当地游客很多

我先在附近转了一圈，不由得感叹这座古城的地势着实险要：东端延幼发拉底河的右岸驻墙；西端是陡峭的高地，上面筑有城堡；南北两侧都有高大的城墙连接。整个建筑位于山河之间，整体上呈三角形，颇有气势。

　　东边沿河的城墙已经很残破了，与之平行的就是我们的出租车刚才开进来时走的那条公路。当天是周五，古城里游人如织，其中有好几批当地中小学的学生来这里春游。看见我们后，孩子们热情地要求为他们拍照，我们也一一回应。

靠近东墙并与之平行的公路。修公路居然切入了古代要塞，令人有些惋惜，不过也从另一方面反映了哈莱比耶独特的地理位置：扼守在交通要冲，其他地方无路可走

　　在历史上，哈莱比耶和宰莱比耶这两个要塞通常是并称的，宰莱比耶在哈莱比耶东南方向三四公里以外的地方，位于幼发拉底河东岸的一处高地上，那里也是河流拐弯之处，地理位置非常险要。据说早在公元前9世纪，当时的亚述国王就在这两处地方兴建堡垒。这两处要塞临幼发拉底河而建，而且皆是河道相对狭窄之地，拥有了这一对双胞胎要塞，不仅可以扼守东西方向沿河的商路，也控制了两处位置绝佳的渡口。

在巴尔米拉王国时期，哈莱比耶和宰莱比耶迎来了大发展，著名的女王齐诺比雅在这个距离首都巴尔米拉约165公里的地方修筑了坚固的堡垒，两地因此得名"齐诺比雅城"。齐诺比雅城是当时巴尔米拉东北部的军事要塞，镇守着王国与波斯的边界。据说公元273年，在与罗马的战争中失利后，女王曾计划向齐诺比雅城方向逃亡，以图东山再起，可惜陷入了敌手并未成功。

现存的哈莱比耶遗址的主体部分是拜占庭帝国查士丁尼一世（Justinian I）在位时期（公元527—565年）重修的军事要塞，属于当时针对萨珊波斯东部防线上的一个重要堡垒。叙利亚拉卡附近的鲁萨法遗址的主体也修建于6世纪，两地的建筑风格和建筑材料都很相似，只不过哈莱比耶是由拜占庭军队直接驻守，建筑风格偏雄壮，而鲁萨法归属拜占庭的附属国——加萨尼王国，建筑风格更加精美细腻。

哈莱比耶北门遗址，这是北门西侧的塔楼，塔楼有三层，毁坏严重，可见入口很小（铁栏杆处），带有明显的军事防御特征

公元610年，哈莱比耶要塞被萨珊波斯军队攻克，并从那时起逐渐荒废。据记载在伊斯兰阿拔斯帝国时期，这里曾修筑"窄口城"（مدينة الخانوقة, Madīnat al-Khānūqah），"窄口"指的是幼发拉底河的河道在这里变窄。但是根据我的观察，今天能看到的伊斯兰时期的建筑遗存，大概只有原先东部高地上城堡内的部分建筑，古城其他部分都是1400多年前拜占庭时期的遗存。

哈莱比耶要塞虽然气势雄伟，但如今实在是残破不堪。我们先在要塞内部转了一下，只能看到一些废墟，其中有当年的教堂、浴室等建筑遗存，此外还有类似于巴尔米拉遗址的塔墓残骸。据说当年要塞内部还有两侧带柱廊的大街，现在已荡然无存。我们沿着北城墙向西部的高地走去，一路上看到了多个塔楼（马面），都是两层高，后来知道哈莱比耶一共有34个塔楼。和鲁萨法遗址类似，这里的建筑石料普遍风化严重，明显没有叙利亚西部沿海地区出产的石料那么坚固。

北墙靠近城堡的地方还有一个特别大的塔楼，有三层高，遗址的地图上显示这里是要塞指挥官的住所，不过我甚是怀疑。因为这种要塞，指挥官通常都住在最安全的地方——也就是城堡里，当然可能哈莱比耶另有缘故吧。这个大塔楼的顶部已经部分坍塌，里面有个很大的大厅，当时挤满了来春游的孩子。

接下来我们就向要塞的最高点——城堡进发。到了跟前才知道，哈莱比耶城堡的外围其实非常陡峭，爬上去颇为不易，我们费了很大的力气才终于登顶。城堡上面的建筑已经完全成为废墟了，但是能看到一些不同于拜占庭时期的建筑材料，比如形状不规则的黑色石头，还有红砖。这红砖让人不禁联想到拉卡古城，或许这是伊斯兰阿拔斯帝国时期"窄口城"的遗存吧。

城堡的后面（也就是西侧）有一条很深且干涸的河谷，再往远处就是一片苍茫的高地。看到整个地貌，就能理解为何大约3000年前的亚述人选择在此地筑城，哈莱比耶实在是扼守住了沿河的咽喉要地。在城堡上，我们能尽情地欣赏幼发拉底河的美景，远处绿油油的农田也尽收眼底。能爬上城堡的孩子并不多，我们看到了三个小男孩，也给他们拍了照。

城堡西侧的河谷和高地

　　登高望远之后，我们从城堡下来，沿着要塞的南墙，朝最初下车的公路走去。其间我看到了一个很窄的拱门，这是南城墙的一个侧门，应该也是哈莱比耶现存唯一完好的城门了。

　　回到出租车上之后，我提出要去对岸的宰莱比耶，结果司机竟连连摇头，说前面的浮桥无法通过，去不了对岸。当时我也无法验证他的话，只好将信将疑地同意坐车返回代尔祖尔市区。

　　在建筑风格上，河对岸的宰莱比耶和哈莱比耶是一样的。由于所在的高地长期受到河水侵蚀，宰莱比耶要塞今天所剩的遗址已经不多了。后来我看了一些资料，了解到如果能到河的正对岸，可以找到观赏哈莱比耶要塞全景的最佳地点，再往南几公里到宰莱比耶，既能隔着河远眺哈莱比耶，也是观赏幼发拉底河景的绝佳地点。现在想起来，如果当时可以自驾该多好，不过今天只能靠想象了。

　　没去成宰莱比耶实在有些可惜，希望将来有朝一日还能重返叙利亚，去双胞胎要塞故地重游，弥补当年的遗憾。

站在城堡上看哈莱比耶要塞的全景

在城堡上俯瞰南侧城墙，数个塔楼点缀其中，高大雄伟。向南眺望，远处河对岸就是宰莱比耶要塞遗址

要塞保存下来的唯一完好的城门：南墙侧门

文化熔炉——杜拉欧罗普斯

　　1920年3月30日，一个英国士兵正在幼发拉底河畔的荒漠上挖战壕，突然他踏空跌落，站起来后发现置身于一个古代建筑中，墙壁上可见彩色壁画，上面的人物衣着光鲜，栩栩如生……

　　这个士兵跌落的地方，其实是供奉巴尔米拉主神的巴勒神庙，墙上壁画里的人物，有一些穿着长衫，戴着锥形的帽子，他们正在向巴勒神供奉祭品。这个消息传出后，在考古界引起了不小的轰动。1922年西方学者开始在这里进行发掘工作，1924年比利时考古学家Franz Cumont宣布在此地发现了传说中的古城杜拉欧罗普斯，震惊了学术界。

位于古城西北角的巴勒神庙遗址

　　这个古城在代尔祖尔市东南约90公里的幼发拉底河西岸，位于小城迈亚丁（الميادين, al-Mayādīn）和阿布凯马勒（البوكمال, al-Būkmāl）之间，杜拉欧罗普斯（Dura-Europos）是个东西合璧的词，意为"欧罗普斯要塞"，Dura是当地古代语言（可能是亚述-巴比伦语），意为要塞，而欧罗普斯来自古希腊语，是这个古城的建立者、塞琉古王国的奠基人塞琉古一世（Seleucus I Nicator）在古马其顿的出生地。如今这个古城由于靠近一个叫作撒列哈叶的村子，因此在阿拉伯语中被称作"撒列哈叶古迹"（آثار الصالحية, 'Āthār al-Ṣāliḥīyah）。

杜拉欧罗普斯在考古界有着极为重要的地位，此地曾经是安息、罗马和萨珊波斯等王国边境上的要塞名城，更主要的是，由于该城在公元256年被波斯军队攻克后，就完全荒废且被风沙掩埋，因此总体上完好地保存着公元3世纪城破时的状况，被称为"沙漠中的庞贝"，有着独特的历史价值。

为了前往这传说中的古城杜拉欧罗普斯，我和另外两位友人一大早就搭乘了从代尔祖尔到阿布凯马勒的公共交通——面包中巴车。离开代尔祖尔市区没多长时间，我放眼望去，一路上满目荒凉，这一带也是叙利亚旷野的东部边缘。中巴车开了一个多小时，司机忽然把车停在路边，喊了一声"撒列哈叶古迹到了"，于是我们赶紧下车，中巴车也迅速开走了。

站在路边四处张望了一下，我们发现这里是个三岔口，主路东边有条柏油岔路通往此行的目的地。远处的古城看起来还是有些距离的，恍惚让人觉得是荒漠中的海市蜃楼。由于搭乘的是公共交通，司机把我们放在大路边上也无可厚非，当时是4月份，天气已经有些炎热，我们顶着烈日走了十几分钟，终于抵达了杜拉欧罗普斯。

柏油岔路的尽头就是古城最主要的城门：巴尔米拉门。顾名思义，其朝向西面的巴尔米拉古城。巴尔米拉门大体上保存得比较好，中间有一个高大的拱门，两个巨大的塔楼拱卫在两侧，塔楼的前面还有护墙。古城西面的城墙看起来还比较完好，城墙外面有一道明显的土坡——这其实是当年萨珊波斯军队围攻杜拉欧罗普斯时修筑的工事，至今保存完好，让人不禁联想起1700多年前的刀光剑影。

杜拉欧罗普斯始建于公元前300年，最初是个军事要塞，后来发展为典型的希腊化城市，其内部城市布局是横平竖直的方格形，据说人口曾到达过6000至8000人。此地位于幼发拉底河边重要的商路上，大体位于当时的安提俄克和塞琉西叶（Seleucia on the Tigris，位于今天巴格达东南）正中间的位置，连接起这两个塞琉古王国境内的重要城市。

下了公交车，走了十几分钟才到达目的地。图中是杜拉欧罗普斯的主门：巴尔米拉门

　　从公元前113年开始，这里一直被来自东方的安息帝国所控制，成为安息境内一个重要的省级行政中心，直到公元165年罗马帝国占领了杜拉欧罗普斯，这个古城于是成为罗马在美索不达米亚地区最东边的要塞。

　　罗马时期的杜拉欧罗普斯得到了很大的发展，凯旋门、宫殿和各种神庙被修建起来。不过好景不长，公元256年，萨珊波斯的军队围困了这座城市，在经历了一场恶战之后最终破城。作为报复，波斯军队将杜拉欧罗普斯的建筑摧毁殆尽，居民也遭到驱逐，这座城市自此荒废下来，逐渐沦为"鬼城"。

　　我们从巴尔米拉门入城，抬眼望去，如今的杜拉欧罗普斯城内一片废墟，几乎看不到完整的建筑，这也不难理解，毕竟经历了萨珊波斯军队的大肆破坏和之后1700多年的风沙。古城南北长约1000米，东西最宽处大约700米，总体上呈四边形。杜拉欧罗普斯的东侧位于幼发拉底河边的一块高地上，南北两侧各有一条深深的河谷，因此三面都有天然的屏障。我们在城内大致走过一周之后，不由得感慨此地得天独厚的位置，看来马其顿人当年选择在此筑城是经过深思熟虑的。古城的西侧没有天然屏障，所以需要重点守卫，如今还能看到罗马时期修筑的高大城墙和塔楼，不过这里当年也是萨珊波斯军队集中力量攻击的地段，而且最后也是在此处破城的。

　　古城南、北和东面的城墙已经所剩不多，城内基本上是低矮的土丘，有些地方明显经历过考古发掘，能看到一片片当年建筑的墙体遗存。杜拉欧罗普斯主要有三个城门，一个是在西侧的巴尔米拉门，另一个是幼发拉底河边的东门，由于受到河水侵蚀，东门已经消失，此外还有一个南门。一条城内的直街连通起东西两个城门，可以想象当年古城水陆交通并举的盛况。

古城北侧的柱子遗存，可能是阿弗莱德神庙遗址（Temple of Aphlad），右边可见古城北侧的干旱河谷，河谷是天然屏障，北城墙的部分遗迹今天还能看到

　　我们在城内看到了一个罗马剧场，大体呈椭圆形，是古城内至今为数不多的相对较为完整的建筑，但也仅存原始建筑的下半部分，门口的柱子也都只剩下柱础。这个建于公元216年的剧场实在是袖珍和简陋，算是我在叙利亚见过的所有罗马剧场中最为"寒酸"的，但想想这里当年已经是帝国最东端的军事要塞了，所以也能理解。从另一个角度想，即使远在杜拉欧罗普斯，戍

边军人也能有剧场这类满足精神生活的设施，不禁让人感慨罗马文化的强大。

　　杜拉欧罗普斯曾有很多不同类型的宗教建筑，其中一些非常有名但如今几乎只剩下废墟了，比如全世界最早的家庭基督教堂（House Church），是当年基督教成为国教之前较为隐秘的宗教场所，在这里出土了很多基督教壁画，其中包括可能是全世界现存最早的耶稣画像（公元235年）。此外，始建于公元244年的犹太会堂遗址也发现了大量的被认为是古代世界最美的犹太教壁画。相对保存较好的是供奉巴尔米拉主神——巴勒的神庙，位于城市的西北角，神庙的部分石头墙壁至今巍然矗立，颇有气势，但其建筑材料和风格明显有别于巴尔米拉古城的巴勒神庙。

　　古城东侧靠近河边的高地是当年城堡的位置，至今还能看到部分高耸的围墙，其南边能看到一片现代房屋——据说是临时的考古博物馆，可惜当时并未开放。我们走到河边，站在当年城堡的高地上，尽情俯瞰和欣赏蔚蓝的幼发拉底河和周边翠绿的农田，令人心旷神怡。遥想当年，城堡的守军大概每天都能看到这种景色，想必能让心情放松很多。

左侧是城堡外墙遗址，右侧是小博物馆，远处可见幼发拉底河和绿色的农田

罗马剧场，舞台实在小得可怜，感谢我的旅伴和好友李瑞刚先生充当了参照物

杜拉欧罗普斯曾是丝绸之路从中国进入今天叙利亚的第一站，在当年这里虽然只是安息、罗马和萨珊波斯帝国边境上的要塞，从诞生于希腊化时代到毁于兵火戛然而止也只有500多年的时间，但今天残破的遗址仍然无法掩盖其曾经灿烂和独特的历史文化。在这里出土了大量的壁画、石刻、服饰和武器等文物，我们知道当时生活在这里的居民既有当地人，也有来自远方的希腊人、波斯人、罗马人，甚至还有柏柏尔人——他们是随罗马军队从非洲征调过来的，杜拉欧罗普斯是他们远方的家。这里的居民使用阿拉马语、安息语、希腊语、希伯来语、拉丁语等多种语言，信奉的神灵来自当地、希腊、波斯和罗马，此外还有犹太教徒和基督徒。考古学家在这里发现了多达14个不同信仰的神庙、教堂或会堂，其建筑既有别于典型的希腊罗马风格，也有别于东方的波斯风格。这一切都表明当时的杜拉欧罗普斯对各种宗教和文化秉持包容并蓄的态度，这个城市也成为西亚地区独一无二的宗教和文化熔炉。

杜拉欧罗普斯出土的文物主要是壁画和石雕，大都保存在大马士革国家博物馆、巴黎卢浮宫和美国耶鲁大学美术馆，对于其文化的研究在国际学术界也占有重要的地位。1999年和2011年，杜拉欧罗普斯两次入选联合国教科文组织世界文化遗产的备选名单，如果能够顺利入围世界文化遗产名录，相信这个古城能得到更好地保护和发掘，想必也还能出土大量的高价值文物。遗憾的是2011年叙利亚内战开始之后，由于无人看护，杜拉欧罗普斯遭到了大范围的盗采，加上后来"伊斯兰国"武装分子出于资金需求的蓄意抢掠，据说这里遭受了严重破坏，古城内的小博物馆也被抢掠一空。

意大利的庞贝古城毁于公元79年的维苏威火山爆发，而叙利亚的"沙漠中的庞贝"——杜拉欧罗普斯则毁于战火。作为连接东西方的宗教和文化熔炉，希望这座古城能走出战乱的阴霾，继续散发文明的光芒。

杜拉欧罗普斯的阿弗莱德神庙出土的希腊文石雕，现存于大马士革国家博物馆

美丽的幼发拉底河，左侧可见城墙遗址

古城西侧城墙（内侧），整体上保存较好

杜拉欧罗普斯出土的女神壁画，现存于大马士革国家博物馆

沧桑5000年——马里王国遗址

叙利亚国宝级文物，马里灌溉女神Ninkharsag，公元前1800年，藏于阿勒颇国家博物馆

　　第一次听说马里王国（Kingdom of Mari）遗址，我差点以为是非洲的那个马里（Mali），后来才知道这是叙利亚最有名的两河流域古代文明

遗址，其历史可以追溯到距今大约5000年前。

　　我对马里遗址最初的直观印象来自叙利亚博物馆的展品，先是在大马士革国家博物馆看到了Iku-Shamagan国王的雕塑，这位国王来自马里第二王国，雕塑创作的时间大约是公元前2500年。以今天的视角看来，这位国王颇有喜感：一双大眼睛炯炯有神，赤裸上身，双手交叉放在胸前，大概是出于某种宗教仪式，[①]下半身穿着像今天的大围裙一样的服饰。从雕塑上的铭文可以看出，当时使用的语言是阿卡德语。

　　后来，我在阿勒颇国家博物馆也看到了不少马里遗址的文物，给我留下最深印象的是灌溉女神Ninkharsag的雕塑，其年代可以追溯到公元前1800年。女神庄重而美丽，手中握着一只水瓶，带有典型的两河流域女神的特征。这个女神像被认为是全世界同时期最美的雕塑之一。

　　顺便说一句，之后在叙利亚内战正酣的时候，阿勒颇国家博物馆的员工们冒着生命危险将馆藏展品进行了转移和保护，直到2019年阿勒颇国家博物馆重新开放，那些无价的文物才又物归原处。我们今天还能在阿勒颇看到美丽的马里灌溉女神，不能不说是一件幸事。

　　马里王国遗址位于今天的代尔祖尔市东南约125公里处，为了去那里，我们当时搭乘了目的地为阿布凯马勒的中巴车。在车上坐了许久，司机说了一声"哈里里土丘"，我们就知道马里遗址到了。哈里里土丘（تل الحريري, Tall al-Ḥarīrī）是当地人对马里考古遗址的称呼。

　　刚一下车，我就看到公路边一个土黄色的大门，上面写着"马里古迹，西雅尔村委会"[②]，大门中间靠上的地方还有个灌溉女神的形象，于是确定没有走错路。站在路边，我想起来自己到了叙利亚几乎最东南的地方，已经很靠近伊拉克边境，也算是叙利亚的"天涯海角"，不禁有些感慨。刚才乘坐的中巴车则继续开往10公里以外的最终目的地——阿布凯马勒。我对这个终点站的地名印象很深，万万没想到，阿布凯马勒这个叙伊边境上的小城在后来竟成了"伊斯兰国"统治的腹地……

---

① 这种手势带有典型的两河流域文化特征，后来我在伊拉克也看到过很多有着类似手势的雕塑。

② 对应的阿文是：آثار ماري مجلس بلدة السيال，'Āthār Mārī Majlis Baldat al-Siyāl。其中Siyāl（西雅尔）是"流淌"的意思，大概因为这个村在幼发拉底河边，流水潺潺，由此而得名。

马里 Iku-Shamagan 国王的
雕塑，公元前2500年，藏于大
马士革国家博物馆

公路旁马里遗址的入口，可见上方的灌溉女神像，此大门大概已经不存在了

我们从大门进去没走多远，就到了马里考古遗址。最直观的感觉是，这个遗址面积很大，也非常残破。两河流域由于缺乏石料，大都用泥土烧砖作为建筑材料，而经过数千年的风霜之后，大致的情况往往是"宫阙万间都做了土"。这个古城始建于公元前2900年，位于幼发拉底河的右岸，整个城市大体上呈圆形，有两层城墙，其中外侧城墙的直径约1.9公里。马里的选址是非常考究的，城市距离河边大约2公里，这大概是出于防洪的目的，但为了交通和饮水的便利，又挖了一条穿城而过的人工运河，两端都连接着幼发拉底河，设计极为精巧。马里王国扼守着连接两河流域腹地和地中海东岸的商业要道，周围有大片幼发拉底河水灌溉的农田，地理位置得天独厚，加上金属冶炼等工业，当地的经济一度非常发达。从建城开始，马里王国繁荣了1000多年，直至公元前1761年被灭国，之后就荒废并逐渐沦为今天看到的土丘。

1933年，为了寻找制作墓碑的石材，当地居民在哈里里土丘进行挖掘，他们偶然发现了一个巨大的白色人形雕塑，当时叙利亚处在法国委任统治时期，现场的法国军官遂拍下照片并将情况反馈给卢浮宫博物馆。当年12月，法国考古学家就开始了在哈里里土丘的发掘工作，从而揭开了马里王国遗址的神秘面纱。

根据考古发掘的结果，马里王国遗址主要分为三个层位，也说明了这个王国曾经重建过两次。马里的历史大致上可以划分为三个阶段：第一王国始于公元前2900年，一直到大约公元前2550年马里因未知的原因被毁掉。马里古城荒废之后没多久就被重建起来，并进入了第二王国时期。在这一阶段，带有典型两河流域苏美尔文化特征的马里王国和来自地中海东岸的伊卜拉王国（Kingdom of Ebla）爆发了长期而激烈的冲突，公元前23世纪，阿卡德王国的萨尔贡（Sargon of Akkad）攻克马里城并将其焚毁，马里第二王国结束。马里遭到第二次毁灭之后，阿卡德王国对这里进行了直接统治，派到此地的长官——被称作"Shakkanakku"的军事统帅对这座城市进行了重建，马里进入了第三王国时期。数百年之后，当两河流域兴起了新的霸权——巴比伦王国，其著名的国王汉谟拉比在大约公元前1761攻克并摧毁了马里。在这之后，马里王国的气数已尽，城市再也没有被重建起来，这个王国在巴比伦和亚述时期变成了一个小村庄，并在希腊化时代被彻底遗忘和抛弃。①

通过始于1933年的考古活动，很多精美的壁画和雕塑在马里被发掘出来，此外还出土了约25000件刻有阿卡德语楔形文字的泥板，上面记录了马里王国的大量珍贵信息，其中包括许多马里国王和邻国国王们的书信。这些文物很多保存在法国，还有一些保存在大马士革、阿勒颇和代尔祖尔博物馆里，为世界提供了研究马里的重要历史素材。

如今在马里王国遗址已经见不到什么像样的建筑了，我和两位友人在里面转了一大圈，发现最显著的就是王宫遗址。当年的马里王宫有近300个房间，还有宏伟的大厅和庭院，曾是两河流域最壮丽的宫殿之一，这也从另一个角度说明了马里国王在当时的显赫地位。

马里王宫遗址很容易引起探访者们的注意——其上方有个醒目的白色顶棚，这是法国考古学者在1975年为了保护这一古迹而专门搭建的。②王宫是当年考古发掘的重点，显然经过了深度挖掘。我们在其内部转了一圈，能看到当年的高墙、过道和一个很大的庭院。庭院中间有一口水井，井壁至今保存完好。在另一个大房间的遗址里，我们看到了很多当年的土砖，被收集并堆放起来。虽然几千年过去了，人们依然可以通过这些土砖来想象当年王宫宏大的规模。据说这里还有用黎巴嫩雪松木材制作的柱子遗存，可惜我当时并没有看到。

在马里还发掘出土了当年的几处主要的建筑，如公共浴室、伊施塔尔女神庙和德甘神庙（Temple of Dagan）等，不过保存状况和规模都不如马里王宫。由于可看的东西不多，我和两位旅伴在马里并没有停留太长时间，之后就向代尔祖尔方向折返了。

---

① 希腊化时代，在马里王国遗址以北不远的地方，崛起了新兴的城市杜拉欧罗普斯。
② 在叙利亚内战中，保护马里王宫的白色顶棚部分被毁。

马里王宫内部的一个大房间，可见白色的顶棚和堆放起来的土砖

王宫的庭院（天井），可见上方的白色顶棚

1999年和2011年，与附近的杜拉欧罗普斯一起，马里王国遗址被归入世界文化遗产的备选名单。在叙利亚内战期间，这个遗址遭遇了严重的盗采，西方考古组织根据卫星照片分析得知，从2011年8月到2014年11月，马里遗址竟出现了1400多个盗洞。2014年"伊斯兰国"控制阿布凯马勒地区之后，盗采情况貌似变得更为严重。

　　更让人意想不到的是，在距离马里遗址的不远处，叙伊边境小城阿布凯马勒附近一个叫作巴古兹（الباغوز, al-Bāghūz）的村子，竟在2019年成为"伊斯兰国"统治的最后一块固定"疆土"。在巴古兹十几公里以外，有着5000年历史的马里王国曾经历过萨尔贡和汉谟拉比带来的毁灭，见证过5000年的沧桑，想必是见惯了杀戮和征伐，如今的这些战乱大概是沧海一粟的转瞬即逝罢了。但一个人的生命只有几十年，叙利亚和伊拉克——这两个我长期生活过的国家，在近20年之内都在饱受战乱之苦，生灵涂炭的画面不时萦绕在脑海，教人唏嘘感慨，只能说"May peace be upon them"。

迈亚丁守护者——拉赫巴城堡

拉赫巴城堡，厚重的角楼清晰可见

　　拉赫巴城堡（Citadel of al-Rahba）①位于代尔祖尔市东南方向约42公里的幼发拉底河西岸，它始建于伊斯兰历史上的阿拔斯时期，俯瞰着旁边的小城迈亚丁②。作为迈亚丁的守护者和当地最有名的历史古迹，这个土黄色城堡如今只是一座巨大的废墟，在叙利亚全国范围来看，拉赫巴肯定只能算作默默无闻的一类古迹，我们当时也只是在从杜拉欧罗普斯和马里返回代尔祖尔市区的途中顺访了这座城堡。去过拉赫巴，现在回想起来还是很幸运的，毕竟这十多年过去了，连大马士革我都没机会再去……

---

① 其阿拉伯文是：قلعة الرحبة, Galʻat al-Rahbah。
② 按照叙利亚政府的人口统计，迈亚丁在2010年约有7万居民。

叙利亚每个城堡的位置都是结合当地的地理环境精心选择的，拉赫巴也是充分利用了当地的地形。从卫星地图上可以看出，迈亚丁四周有着海拔数百米的荒漠台地，蜿蜒的幼发拉底河冲击出宽数公里的沿河平原，而拉赫巴城堡距离河边约3公里，选址于荒漠台地和河边平原的交界处，其东侧借用了台地的高度，可以俯瞰迈亚丁平原，同时又在西侧通过人工挖出一道深深的沟堑，在城堡和荒漠台地之间构成了屏障。拉赫巴城堡的海拔有200多米，应该说是建立在一块半人工的高地上，这也是其地理特色所在。

　　拉赫巴城堡守卫着迈亚丁小城，控制着幼发拉底河沿岸的农业平原和重要商路，按照公元14世纪阿拉伯大旅行家伊本·白图泰的说法，这个城堡是伊拉克的终点和沙姆地区（叙利亚）的起点，起到了沟通两地的重要作用。从伊拉克出发的商队和军旅，到达拉赫巴城堡之后，既可以朝东北方向延幼发拉底河向拉卡和阿勒颇进发，也可以向西穿越叙利亚旷野直抵霍姆斯和大马士革。

从城堡上俯瞰沿河平原，可眺望小城迈亚丁，左侧为一个角楼遗址

拉赫巴城堡外墙的一部分，有射箭口，可见砖砌墙体之厚重

当时我们一行三人，先从阿布凯马勒附近的马里王国考古遗址搭乘面包中巴车到小城迈亚丁，然后打了辆出租车向城堡进发。当日原本天气晴好，可是大约下午三点到达拉赫巴时，突然刮起了沙尘暴，昏黄的天空竟和城堡的土黄色融为一体，在这样的氛围下，拉赫巴也增添了一些神秘的色彩。

抬眼望去，拉赫巴城堡矗立在一块高地上，残存的高墙依然耸立，堡墙和高地的颜色浑然一体。在城堡下面，我们发现了一块介绍拉赫巴历史的铁牌，也被涂成土黄色。铁牌上的文字简要介绍了这座城堡的历史，突出了其阿拉伯-伊斯兰城堡的属性，内外双层的五边形堡墙构造图也清晰可见。

公元9世纪阿拔斯帝国哈里发麦蒙在位期间（公元813—833年），将军马利克·本·塔伍格（مالك بن طوق, Mālik bun Ṭawq）奉命在此地区修建一座军镇，大概有保护沿河商路并震慑曾是伍麦叶人大本营——叙利亚的意图。可能是受到帝国首都巴格达选址的启发，马利克挑中了幼发拉底河的一处拐弯附近的平地建立城市，将其命名为"拉赫巴"，意为"开阔之地"，并按照惯例在城市附近修建了一座城堡，和拉赫巴城形成互相拱卫之势。后来时过境迁，小城拉赫巴早已更名为迈亚丁，但是旁边的城堡的名字却流传至今，1000多年来不曾更名。

拉赫巴城堡在随后的朝代中几易其手，最终毁于公元1157年的一场地震。几年之后，按照当时坐镇大马士革的塞尔柱克统治者努尔丁的命令，拉赫巴城堡得到重修，并被称为"新拉赫巴"（الرحبة الجديدة, al-Raḥbah al-Jadīdah）。今天我们能够看到的城堡遗址，基本上就是800多年前的新拉赫巴。和同样始建于塞尔柱克王朝的大马士革城堡相比，虽然两者在建筑材料和地理环境上大相径庭，但我们还是能看到两者在建筑风格上的诸多相似之处。

公元13世纪中期到14世纪，麦木鲁克王朝和蒙古伊儿汗国在拉赫巴附近的幼发拉底河"划河而治"。作为前线要地，麦木鲁克素丹们对拉赫巴城堡非常重视，对其进行了重修，拉赫巴也成为麦木鲁克边疆地区的防御和行政中心。其间最重要的战役爆发在公元1312年，伊儿汗国的蒙古军队对拉赫巴城堡围攻了长达1个月的时间，但依然未果，其对麦木鲁克叙利亚地区的进攻也以失败而告终。这场战争是极为惨烈的，据说直到今天还能在拉赫巴遗址上找到当年围城时蒙古军队留下的箭矢和投石机发射的石块，拉赫巴坚守的成功，也从一个方面反映出这个城堡的高大和坚固。

16世纪进入奥斯曼帝国统治时期，由于传统商路的变更和火器的广泛使用，拉赫巴逐渐失去了往日的荣光，沦为当地的牧民和羊群的庇护所，整个城堡也日渐沦为废墟。公元1976年到1981年，叙利亚政府在这里开展了考古发掘工作，并在城堡上发现了客栈、清真寺、兵营和供排水系统的遗迹。

当时，我们三人先绕着城堡的底部转了一周，拉赫巴所在高地的护坡很陡峭，我们随后选了一条土路攀上了城堡。入口处是一个砖砌成的拱形小门，有一个小铁门明显是后来装上的，门开着且无人值守。从此处进去以后，我们又连续通过了四道砖砌的拱门才得以进入城堡的内核。这四道内部拱门已经很残破了，门的开口都很小，一看便知是当年重兵布防的区域。

经过5道门和一个逼仄的区域进入城堡内部后，我们都有种豁然开朗的感觉。虽然现状非常残破，且只能看到堡墙和少数塔楼的遗址，但是拉赫巴城堡的内部构造十分清晰，即一个典型的五边形双层结构。四层的外侧堡墙很高，其内部大致面积为270米×95米，数个塔楼点缀其间，但只有一个角楼的主体建筑尚存。内侧堡墙也极高，至少有四层，内部大致面积为60米×30米，目前还有好几段高墙屹立不倒。

拉赫巴城堡的入口和内部连续的四道门

从建筑材料上讲，拉赫巴是典型的砖、石混合型城堡，这其实也很符合其介于叙利亚和伊拉克之间的地理位置的特点。城堡的面积不大，但周围人工挖出的沟堑却很宽，一些地方达到80米，这或许是当年能够抵御蒙古军队入侵的一个因素吧。当时我们站在城堡上，拉赫巴高大和厚重的堡墙给我们留下了很深的印象。当时刮起了沙尘以致天色昏黄，城堡西侧一望无际的荒漠台地显得神秘莫测，给同样是土黄色的拉赫巴城堡遗址增加了说不尽的沧桑。

叙利亚内战期间，反对派武装"叙利亚自由军"在2012年8月占领了迈亚丁，政府军则一度在拉赫巴西侧的高地上建立起了一个炮兵阵地，但当年11月底该阵地被反对派武装攻克。2013年3月25日，"叙利亚自由军"的奠基人（也是后来的"参谋长"）、前叙政府军空军上校艾斯阿德在迈亚丁的标志性建筑——拉赫巴城堡前面接受采访，但几个小时后他就在迈亚丁市区遭遇了炸弹袭击，并致使其失去右小腿。

城堡西侧：望不到边的荒漠台地，这一侧的沟堑是人工开凿的

拉赫巴城堡一个角楼残存的墙壁

拉赫巴城堡在内战期间曾遭遇过炮击，所幸没有大碍，但是这段时间针对城堡的盗采和滥挖很严重，具体的破坏程度还有待详细评估。

　　迈亚丁这个被拉赫巴城堡守护的小城，在叙内战中也遭到极大破坏。2013年7月"伊斯兰国"武装分子占领了此地，大约4年后，库尔德人的叙利亚民主军从2017年4月起大举进攻拉卡，"伊斯兰国"被迫将"首都"从拉卡迁至迈亚丁。直到2017年10月，叙政府军收复迈亚丁，才结束了"伊斯兰国"4年多的统治，但经过多年的空袭和战斗，战前曾有约7万人口的迈亚丁已经沦为一片废墟。2017年4月至10月的这段时间，小城迈亚丁成了"伊斯兰国"的实际行政中心，或者说"战时陪都"，也成为这个小城1200多年历史上一段不堪回首的惨痛往事……

现存的城堡内墙，五边形的构造，右下是当时在里面参观的几位当地游客

哈塞克省

叙利亚的天涯海角——艾因·迪瓦尔

艾因·迪瓦尔的罗马古桥

终于写到了艾因·迪瓦尔（عين ديوار, 'Ayin Dīwār），这是我的叙利亚访古行记的最后一篇，内心还是有些许的激动。

我第一次听说艾因·迪瓦尔以及那里的罗马古桥，是2004年刚到叙利亚的时候，从一群大马士革大学的库尔德学生嘴里听说的。还记得当时大家坐在一起闲谈，其中一位库尔德青年突然问我："接触我们这个族群的人要小心，我们国家的政府有没有这么告诫你们？"我如实回答说，没有。当时不明就里，不过后来自己慢慢了解了此话的含义。当时在座的一位库尔德老兄的名字很特殊，叫作"Subaru"——和一个日本的汽车品牌居然是一样的，他和我说杰奇拉^①也有不少历史古迹，譬如艾因·迪瓦尔的罗马古桥……艾因·迪瓦尔这个名字由此印在了我的脑海中。

　　库尔德区（简称库区）距离首都大马士革很远，当时我不敢想象自己还能去那里。后来经过了半年多的时间，我几乎走遍了叙利亚，积攒了不少旅行经验，胆子也越来越壮，当我又一次在地图上看到艾因·迪瓦尔的时候，不得不惊叹其地理位置——这个地方在叙土边境上，靠近伊拉克，位于整个国家极东北的一隅，是叙利亚当之无愧的天涯海角。加上我既没有去过库区，也从未见过底格里斯河，因此便动了心思，要以艾因·迪瓦尔的罗马古桥为目的地，进行一次库区的旅行。

　　2005年的5月，我独自一人从大马士革出发，先坐了9个多小时的城际大巴到距离首都600多公里的哈塞克市，下车之后直接打了辆出租车，司机问我去什么地方，我说哪里旅馆多就载我去哪儿，当晚我就在市区随便找了家经济型旅馆住下。第二天一大早出门，我先乘坐省内的面包公交车朝东北方向行驶约90公里，达到叙土边境的城市卡米什利（القامشلي, al-Qāmishlī），之后直接在卡米什利车站转车，一路向东奔到95公里外的小城马利基耶（المالكية, al-Mālikīyah），然后从马利基耶再转车到15公里外的艾因·迪瓦尔村——这在叙利亚已经是距离首都最远的一个村子了，罗马古桥就在村子东北方向几公里外的地方。我大约在当天中午抵达艾因·迪瓦尔村，这也是我在叙利亚进行过的最远的旅行。

---

① 杰奇拉（جزيرة, Jazīrah）是阿拉伯文中"半岛"或是"河洲"的意思，叙利亚的杰奇拉指的是幼发拉底河和哈布尔河之间的区域，像一个半岛的形状，主要包括哈塞克省的全境、拉卡和代尔祖尔省的一部分，是叙利亚库尔德人主要的聚居区，也是目前库尔德武装——叙利亚民主军实际控制的主要区域。

叙利亚东北部城市哈塞克市内的一座教堂

进入杰奇拉之后，我不禁感慨库区是个好地方：当时麦浪汹涌，到处都是肥沃的农田，水资源比较丰富，后来我知道几乎叙利亚所有的石油资源也都在那里。一路上坐车的时间较长，又只有我一个人，除了胡乱的意识流，我对艾因·迪瓦尔的这座叙利亚最有名的罗马古桥感到有些好奇。在到那个村子之前，我只看过这座罗马古桥的一张照片——是一个黑色的圆形拱桥，但是，底格里斯河毕竟是一条大河，感觉不可能一个拱券就能跨到河对岸。此外，拱桥的下面并没有河水……

在艾因·迪瓦尔村的小车站，我向几位当地司机说明来意，大家都非常热情，一位穿着红衬衣，开面包车的库尔德大哥很快和我谈妥了往返的价格，但在发车前他突然询问：自己的一个哥哥和侄子能否搭车一起去那边玩一会儿。我稍微一愣，看了下身旁这位司机的两个亲戚，感觉都还面善，所以认为问题应该不大，于是就点头同意，所以最后是我们四人一起出发的。

虽然我听不懂这位当地的库尔德司机大哥和他的两位亲戚之间使用的库尔德语，但他的阿拉伯语标准话讲得很好，我们之间可以完全无障碍地交流，甚至感觉比我在叙利亚很多地方遇到的只会讲当地阿拉伯语方言的人还容易沟通。现在我还记得在去罗马古桥的一路上，他几乎都在控诉萨达姆的不是，说此人竟然对库尔德人民使用化学武器，并且用尽了阿语中所有"流氓、无赖和恶棍"含义的词汇，来形容这位当时已经被美军捕获并即将受审的伊拉克前领导人。

艾因·迪瓦尔村到罗马古桥的距离并不远，大约5公里，但是当时的路况并不好，中途还要过一条小河。在涉水过河到一半的时候，司机大哥下车仔细看了看，确认溪水不会没过排气管后才缓慢通过。记得在过小河的时候，对面来了一辆面包车，坐在副驾驶座上的明显是一位西方男子，戴着墨镜，看起来有四五十岁，大概他也是奔着罗马古桥去的，现在刚结束行程返回艾因·迪瓦尔。在错车的一瞬间，我们四目对视了一下，互相点头致意。面包车往前没走多远，就感觉豁然开朗了，一条大河映入眼帘，想必这就是底格里斯河了，河岸两侧是河谷平原和农田，再远处就是土耳其安纳托利亚高原的群山了，看到这幅景象，我很激动。再往前面是一个大下坡，中间有一个边防检查站，那里的几位叙利亚士兵随便问了司机几句后就对我们放行了。面包车顺着坡下探到河谷平原，再一右转就停到了罗马古桥的旁边。

第一眼看到底格里斯河，也是叙利亚和土耳其的边境，河对岸是土耳其库尔德区的吉兹雷市

站在罗马古桥的旁边看了几分钟，我心中的一些疑问顿时就消散了。首先，现存的罗马古桥除了一个较完整的拱券和两个桥墩，在拱券的南北方向还各有一个桥墩的遗址，而且北侧的桥墩遗址距离拱券较远，其间显然还曾有至少一个桥墩。关于这座桥当年拱券的数量，各种文献记载的说法并不一致，但就现状看来，最初的罗马古桥至少有4个

拱券。其次，桥下的确没有水，因为底格里斯河已经改道了，目前的河道在古桥以北大约400米的地方。我先围着拱桥转了一圈，而库尔德司机与他的哥哥和侄子已经迫不及待地爬到了拱券上面，说实话这个拱桥比我想象中的要更加雄伟，不管是拱券的高度、跨度，还是桥墩的尺寸[①]。

站在南侧的桥墩遗址上，望向对面的拱桥，可见桥面坑洼不平

这座古桥的来历有两种说法。其一是说罗马人于公元2世纪修建，主要出于方便美索不达米亚上游地区人们交通的目的，加强对该区域的控制。后来出于和波斯人的对抗，罗马人在这座桥的附近建立了以亚美尼亚人为主的军镇Bazabde，大致位置就在与这座桥相连的底格里斯河北岸，

① 有资料说这个拱券的跨度为21.6米，最高处达到12.35米。

靠近今天土耳其的库区城市吉兹雷（Cizre）①，这座桥也对地区间的商贸往来起到了非常重要的作用。后来据说还成为丝绸之路上的一条交通要道。在公元12或13世纪，当地的穆斯林统治者对这座桥进行了大规模的修缮，使这座古桥也带上了一些伊斯兰建筑的痕迹。第二种说法是，这座桥虽然被称为"罗马古桥"，但其实和罗马人完全没有关系，而是当地的穆斯林统治者埃米尔杰马勒丁（جمال الدين，Jamāl al-Dīn）在公元1164年修建的，并且在日后成为伊斯兰桥梁建筑的典范。

其实我本人倾向于上面的第一种说法，即这座桥始建于罗马时期，在伊斯兰时期得到修缮。一方面，"罗马桥"这一称谓我认为大概率不是空穴来风，另一方面，这座桥给我的感觉，包括一些花纹和装饰，结合我在叙利亚地区看到的众多罗马和伊斯兰古迹，我认为更接近罗马建筑。还有一点是令人存疑的，桥墩两侧的多件浮雕是这座古桥的重要看点，其中有十二星宿等题材，大多数已经毁坏了，只有少数几幅还保存得比较完整。这些浮雕的旁边都刻有阿拉伯语铭文，但是在伊斯兰世界里，人们通常用阿拉伯文字母或是几何图案作为建筑物的装饰，很少涉及人物雕塑，所以这些浮雕到底是始于罗马时期而在伊斯兰时期刻上了文字，还是在伊斯兰时期创作的，我至今也不得而知。

既然不远千里来到这里，还是有必要登上拱桥一看的，于是我开始攀爬，结果发现非常不易。一方面，桥面的坡度很大，打个比方说，这个拱券的形状近似于我在国内游览过的颐和园玉带桥，但其高度和跨度都超过玉带桥许多。另一方面，桥面的路况实在不容乐观，坑坑洼洼不说，上面还有好多圆形的石头散落在各处。在没有看到实物之前，我以为桥面是用石板铺成的台阶或是光面，至多有部分损坏，没想到居然已经破碎至这般情形。

---

① 这个城市在阿拉伯语中通常被称为伊本·欧迈尔半岛（جزيرة ابن عمر，Jazīrat 'ibun 'Umar）。

桥墩上保存最好的一块石雕，可见左上方的阿拉伯语铭文。近几年出于保护的目的，这块石雕已经被铁栏杆围起来了

　　登高望远之后，我小心翼翼地下来，然后在桥拱的下方短暂停留了一会儿，可以看到拱券内侧最下方规整的装饰花纹，这风格和石材的颜色，让我想起叙利亚南部的罗马古城布斯拉。看完拱桥之后，我步行到八九十米外的北侧桥墩遗址看了下，这个遗址的四周长满了荆棘和灌木，已经无法靠近和攀登了。我当时去的时候，拱券以及北侧桥墩遗址附近都是农田，但那里毕竟是大河故道，据说在洪水泛滥的季节，拱桥下面还是会有水的。我绕着北桥墩转了一圈，之后就搭乘面包车来到了底格里斯河边。

　　这是我第一次见到底格里斯河，河面很宽，近处的河水并不深，能看到几位当地的渔民在拉网捕鱼，跨过河就是土耳其的吉兹雷市了，我已经能够看到河对岸高高飘扬的红白色星月旗了。在中东地区有一句老话叫作"喝了尼罗河水的人，都会回到那里"，我曾经在埃及见到过尼罗河，后来去尼罗河上游的苏丹工作过好几年。没想到底格里斯河也是如此，我在叙土边境触到了底格里斯河的水，没想到下一次见到这条河，竟是十几年后在巴格达，我又在这条河下游的伊拉克工作了数年，冥冥之中似有天意。

其实关于罗马古桥最初的构造，我心里也一直有一个疑惑。看看现存的这一个拱券，桥面过于陡峭，行人翻越尚且费力，更别说车马了。所以，我觉得这座古桥的设计和建造采用这种形状的拱券，很有可能是考虑到桥下船只的通航，而在一定程度上牺牲了行人通过的便利性。这种情况下，最中间拱券的跨度和高度往往是最大的，两侧的稍小。当然还有一种可能是，最初在几个拱券的上面还筑有一层建筑，在桥梁的最上方构成了一条平路，这也是其他地方一些罗马古桥的形式。这样虽然结构复杂，但是兼顾了桥下通航和桥上行人车马的通过，堪称完美。

结束了艾因·迪瓦尔的旅程，我踏上了归途。坐在车上，回想起当地孩子们在底格里斯河边嬉戏玩耍的场景，又看到窗外一望无际的麦田，我顿时觉得十分美好。那次叙利亚库区之旅给我留下了难忘的回忆，至今已经十多年了，后来我看到媒体上的照片，知道当年坑坑洼洼的桥面，居然被当地文保人员用石头和水泥抹平了——在我看来修补得着实很丑，完全没有"修旧如旧"的感觉，但是想来出于保护文物和游人的安全，也算是迫不得已而为之吧。如今的艾因·迪瓦尔有了一条新的公路，可以从村里直抵罗马古桥，不用像当年我去的时候还要蹚过一条小溪，而在罗马古桥遗址的河对岸，土耳其吉兹雷市的郊区已经扩展到那里了。当然，更大的变化在于"变了天"，包括艾因·迪瓦尔在内的广阔库区，早已脱离了叙中央政府的控制而成为库尔德武装——叙利亚民主军的实际统治区，罗马古桥所在的叙土国境线一带也屡次成为土耳其发动军事行动的地区……时过境迁，让人不禁有种沧海桑田的感觉，但不管怎样，祝福库区人民，希望他们平安、幸福。

桥墩内侧底部的装饰

　　拱券的最高处，可以看到北桥墩遗址，距离现存的拱券八九十米，其间曾经至少还有两个拱券，都已经消失不见了。如今河对岸的吉兹雷郊区已经盖起了很多楼房

387

南侧桥墩遗址

388

站在拱券顶端，正在向我挥手的是载我去拱桥的司机，旁边是他的哥哥